Références sciences

Infrastructure des réseaux informatiques

50 fiches synthétiques et 100 exercices corrigés

BTS – DUT – Licence

Bertrand Petit

ellipses

Collection Références sciences

dirigée par Paul de Laboulaye

paul.delaboulaye@editions-ellipses.fr

Retrouvez tous les livres de la collection et des extraits sur www.editions-ellipses.fr

ISBN 9782340-027145

32, rue Bargue 75740 Paris cedex 15

www.editions-ellipses.fr

Avant-propos

Le domaine de réseaux informatiques est vaste. Alors qu'il désignait au départ le support physique servant de support au système d'information, on lui préfère aujourd'hui le terme d'infrastructure : la base qui va permettre de mettre à la disposition de l'utilisateur des services.

L'infrastructure réseau regroupe donc d'une part les aspects matériels du réseau : son architecture organisationnelle, les technologies employées, leur mise en œuvre, et d'autre part les outils logiciels que l'on va intégrer pour disposer d'une base complète sur laquelle il sera possible de déployer et proposer des services.

Les formations qui intègrent un cours ou module dans le domaine de l'infrastructure des réseaux informatiques sont nombreuses, celle-ci étant une base nécessaire dans de très nombreux domaines professionnels.

L'auteur enseigne l'architecture des réseaux à des étudiants de BTS Services Informatiques aux Organisations spécialité Solutions d'Infrastructure, systèmes et Réseaux et en Bac+3 Concepteur(trice) développeur(se) informatique, il a aussi donné ce cours en IUT Informatique. Cet ouvrage est donc construit à partir de cours qu'il a mis en place pour des étudiants de Bac+2 et Bac+3.

L'objectif de ce livre est de proposer un parcours de ce domaine par :

- 50 fiches synthétiques : chaque notion est abordée de manière simple pour en extraire les aspects principaux, le plus souvent possible illustrée de schémas pour en présenter les points essentiels,

- 100 exercices corrigés : le plus souvent extraits d'annales d'examens, ils permettent d'aborder les notions par des exemples concrets, chacun faisant référence aux fiches synthétiques des notions sur lesquelles ils portent.

Cette organisation permet au lecteur d'associer aisément le travail par exercices et l'apprentissage des notions théoriques de cours.

L'auteur remercie toutes les personnes qui lui ont apporté leur soutien et leurs conseils pour la rédaction de ce manuel.

Table des matières

Organisation du manuel

Ce manuel est organisé en deux parties principales :

- **50 fiches synthétiques** permettent de parcourir le domaine de l'infrastructure des réseaux.

  Chaque fiche introduit d'abord les **principes fondamentaux** sur lesquels repose la notion abordée, puis les **caractéristiques techniques** de son implémentation.

  Ces fiches s'appuient sur des **schémas** et sur des **exemples** concrets.

- **100 exercices** accompagnées de **propositions de correction** reprennent les notions regroupées dans les fiches.

  Dans ces exercices, des **étiquettes** fiche font référence à la fiche à laquelle se reporter pour retrouver les notions appliquées.

  Dans la mesure du possible, chaque exercice est organisé en deux parties : un certain nombre de **documents de travail** puis l'**énoncé**.

  Une grande part de ces exercices sont extraits d'**annales d'examen**, de BTS, DUT ou Licence, ce qui permet au lecteur de s'**évaluer** en fonction de sa formation ou de ses compétences.

Cette double approche, basée sur l'utilisation des étiquettes, permet un travail efficace, associant notions théoriques et exercices d'application.

PARTIE 1

Fiches synthétiques de cours

fiche #1 Le modèle de référence OSI

Modèles de référence

Un modèle de référence permet de structurer de manière théorique les services fournis par chaque dispositif (matériel ou logiciel) d'une infrastructure réseau. Il est dans la plupart des cas conçu en couches superposées, chaque couche fournissant des services à la couche située immédiatement au-dessus d'elle. Le modèle défini initialement par l'ISO (*International Standardization Organization*), est le modèle OSI, qui a évolué plus récemment vers le modèle TCP/IP.

Le modèle de référence OSI

Les natures nombreuses des services fournis et des entités fournisseurs, ainsi que leur rôle, ont conduit à la mise en place d'un modèle à 7 couches. Chacune de ces couches a un rôle global et les interactions entre couches ont été définies pour être limitées.

Les 7 couches

Application	Proposer à l'utilisateur des outils d'utilisation et de gestion du réseau : • Nombreuses **applications** : messagerie électronique, transfert de fichiers, connexion distante, Web contrôle de domaine... • Nombreux **protocoles** de niveau application : proposer une utilisation fonctionnelle, compartimenter les rôles, garantir une entière compatibilité à chaque famille d'applications.
Présentation	Adapter toutes les données à émettre à un format standard épuré de tous les aspects liés à l'environnement. Un message reçu doit pouvoir être traité par le récepteur quelle que soit la nature de la machine émettrice (système d'exploitation, application utilisée.

Session	Établir une liaison entre deux utilisateurs distants, qui peut être utilisée pour transmettre plusieurs messages successivement ou dialoguer : • Gestion des **échanges**, de manière à synchroniser le dialogue et éviter les confusions. • Mécanismes de **reprise** de l'échange en cas de problème sur la connexion.
Transport	Préparer le travail que devra effectuer la couche réseau, indépendamment des techniques et matériels utilisés par les couches inférieures : • Les messages sont scindés en **paquets** de taille fixée qui sont traités individuellement par la couche réseau. À la réception, ces paquets sont ré-assemblés. La couche transport n'est présente qu'aux extrémités de la ligne de communication. • Si besoin, mettre en place un **multiplexage** de la connexion (créer plusieurs connexions dans le but d'améliorer le débit proposé aux applications).
Réseau	Faire transiter des données entre un émetteur et un récepteur) à travers un réseau. Ses fonctions principales concernent : • l'**adressage** Identifier de manière unique tous les éléments actifs (ordinateurs, périphériques, éléments de routage...). • La **constitution des trames** de niveau 4 Données à transmettre + informations nécessaires au cheminement de la trame sur le réseau. • Le **routage** Choisir le chemin à emprunter de l'émetteur au récepteur : il existe pour cela de nombreux algorithmes de routage.

Liaison de données	Émettre des ensembles de bits sur un support de transmission : • Regrouper les bits en **trames** binaires, selon un format précis. • Mettre en place un **contrôle d'erreur** pour pouvoir détecter si une trame arrivée au récepteur n'a subi aucune modification sur le support physique, et éventuellement corriger les erreurs survenues. • Gérer l'**accès au support** de transmission commun : sous couche MAC (Medium Access Control). C'est au niveau de la sous-couche MAC qu'ont été définies par l'ISO les différentes normes d'infrastructures réseaux.
Physique	Regrouper les caractéristiques : • du **support physique** • des **techniques** qui vont être utilisées pour qu'une machine puisse émettre un bit sur le support

Fig.1. Modèle OSI

fiche #2 Le modèle de référence TCP/IP

Le modèle de référence TCP/IP

Les systèmes d'information ont beaucoup évolué depuis la création du modèle OSI. Avec l'apparition de nouvelles technologies matérielles et logicielles, le modèle de référence n'est plus aujourd'hui adapté aux nouvelles architectures de réseaux.

Parmi ces évolutions, la principale est la généralisation de l'usage des protocoles TCP et IP comme standards en matière d'interconnexion de réseaux. C'est donc naturellement que s'est construit un nouveau modèle directement basé sur ces deux protocoles, nommé modèle de référence TCP/IP.

Le modèle TCP/IP est structuré en quatre couches : la couche la plus haute est constituée des applications. Pour émettre des données sur la couche physique (la plus basse), elles s'appuient sur deux couches intermédiaires (transport et Internet).

Les 4 couches

Application	Proposer à l'utilisateur des outils d'utilisation et de gestion du réseau : • Nombreuses **applications** : messagerie électronique, transfert de fichiers, connexion distante, Web contrôle de domaine... • Nombreux **protocoles** de niveau application afin de proposer une utilisation fonctionnelle, compartimenter les rôles, garantir une entière compatibilité à chaque famille d'applications.
Transport	**Préparer** le travail de la couche réseau, indépendamment des couches inférieures : • Les messages sont scindés en **paquets** de taille fixée qui sont traités individuellement par la couche réseau. À la réception, ces paquets sont ré-assemblés. La couche transport n'est présente qu'aux extrémités de la ligne. • Selon les applications employées, les types de connexion diffèrent : - protocole TCP : en mode connecté - protocole UDP : mode sans connexion

Réseau	Faire transiter des données entre un émetteur et un récepteur) à travers un réseau. Ses fonctions principales concernent : • l'**adressage** Identifier de manière unique tous les éléments actifs (ordinateurs, périphériques, éléments de routage...). • La **constitution des trames** de niveau 4 Données à transmettre + informations nécessaires au cheminement de la trame sur le réseau. • Le **routage** Choisir le chemin à emprunter de l'émetteur au récepteur : il existe pour cela de nombreux algorithmes de routage.
Internet	Utiliser le protocole universel IP pour émettre des ensembles de bits sur un support de transmission, indépendamment de l'environnement matériel : • Regrouper les bits en **trames** binaires, selon un format précis (trames IP). • Mettre en place un **contrôle d'erreur** pour pouvoir détecter si une trame arrivée au récepteur n'a subi aucune modification sur le support physique, et éventuellement corriger les erreurs survenues. • Gérer l'accès au support de transmission commun.
Hôte-réseau	Regrouper les caractéristiques : • du **support physique** et de l'interface réseau • des **techniques** qui vont être utilisées pour qu'une machine puisse émettre un bit sur le support • du format des **trames** • d'une **gestion d'erreurs** sur les trames à émettre La couche hôte-réseau du modèle TCP/IP correspond au réseau lui-même, les couches supérieures ne servant qu'à utiliser ce réseau.

Fig. 2. Modèle TCP/IP

fiche #3 La trame

Principe

Les données fournies par la couche réseau sont des datagrammes IP. Ces datagrammes doivent être traités avant leur émission pour constituer des trames au format défini par la normes de l'architecture en place. De même, à la réception, la trame doit être traitée par l'hôte récepteur pour pouvoir transmettre à la couche réseau le datagramme initial.

Constitution des trames

Les données reçues de la couche réseau sont des paquets de données complexes provenant d'une application de la machine émettrice et destinés à une application ciblée du récepteur. La couche liaison de données a donc pour premier rôle de mettre ces paquets sous une forme acceptable par la couche physique. Ces entités élémentaires sont appelées trames.

Transparence binaire

Chaque norme d'architecture a défini le format de ses trames

Dans la majeure partie des cas la longueur d'une trame n'est pas fixe : pour repérer le début et la fin de la trame, un fanion (suite binaire définie dans la norme), est ajouté en début et fin de la trame. Le fanion le plus classique est 01111110.

Problème : les données binaires transmises peuvent contenir la suite correspondant au fanion. Le récepteur va alors confondre ces données avec la fin de la trame et le paquet fourni à la couche réseau aura perdu son sens initial.

Pour résoudre ce problème, on va effectuer un traitement (transparence binaire) sur les données avant l'envoi (masquer toutes les suites binaires semblables au fanion en insérant lors de l'émission un 0 dès que l'on lit cinq 1 de suite). À la réception, on réalise le traitement inverse pour retrouver les données initiales.

Chaîne binaire à émettre	0011011111100101011111011
	↓
Chaîne binaire à émettre après traitement de la transparence binaire	0011011111**0**100101011111**0**011
	↓
Message binaire émis par l'interface réseau émettrice après ajout des fanions de début et de fin	*011111100011011111**0**100101011111**0**01101111110*
	↓
Message binaire reçu par l'interface réseau réceptrice	011111100011011111**0**100101011111**0**01101111110
	↓
Chaîne binaire avant traitement de la transparence binaire	0011011111**0**100101011111**0**011
	↓
Chaîne binaire transmise à la couche de niveau supérieur	0011011111100101011111011

Fig. 3. Exemple de traitement de la transparence binaire

Contrôle d'erreur

Chaque trame est aussi traitée avant son envoi pour mettre en place un contrôle d'erreurs. Suivant les cas, les techniques mises en place permettent à la couche liaison réceptrice de détecter les erreurs de transmission et/ou de les corriger.

fiche #4 Le câble électrique à paires torsadées

Caractéristiques

Le câble à paires torsadées (*TP : Twisted Pair*) est actuellement le support physique le plus répandu.

Le câble à paires torsadées est utilisé dans plusieurs cas :

- connexion d'un poste de travail au concentrateur du réseau,
- interconnexion d'éléments actifs de natures diverses.

La structure de ce câble est simple : il est constitué de plusieurs fils de cuivre torsadés par paires, ces paires étant à leur tour torsadées entre elles. Un câble peut regrouper jusqu'à plusieurs centaines de paires torsadées. Dans le cas des réseaux locaux, le type le plus commun est le câble à 4 paires torsadées.

Les torsades ainsi réalisées ont pour but de diminuer les interférences entre paires. Ce phénomène d'interférences porte le nom de diaphonie. En réalité, une paire de fils parasite non seulement les paires adjacentes, mais aussi l'ensemble des paires qui constituent le conducteur : on parle alors de paradiaphonie (*NEXT*). La paradiaphonie cumulée (*PS-NEXT*) correspond à la somme des interférences produites par une paire sur la totalité des autres conducteurs. C'est la paradiaphonie cumulée qui sert actuellement de référence pour la conception de câbles haut débit.

Les connecteurs appropriés à ce type de câbles sont les connecteurs RJ45 (4 paires) ou RJ11 (2 paires).

Fig. 4. Connecteur RJ45

Les câbles à paires torsadées sont soumis à des normes appelées catégories : 7 catégories sont définies actuellement fiche #5.

Qualité

Différents niveaux de qualité sont disponibles, à prendre en compte en fonction du contexte dans lequel le câble va être mis en place.

UTP	Le câble non blindé, UTP (*Unshielded Twisted Pair*), support le plus simple, et donc le moins coûteux.
FTP	Le câble avec écran : UTP avec écran ou FTP. L'écran est une simple feuille d'aluminium placée entre les fils et la gaine PVC, qui crée un blindage sommaire pour protéger les paires des interférences extérieures.
STP	Le câble blindé, STP (*Shielded Twisted Pair*), protégé des parasites par une tresse métallique.
Autres	Le câble protégé contre l'eau.

Avantages/inconvénients

Avantages

- Encombrement physique minimisé, rayons de courbures faibles
- Installation sans compétences spécifiques
- Prix faible
- Débits obtenus sur des réseaux locaux élevés
- Émission de signaux numériques ou modulés possible sans modification du support

Inconvénients

- Distances maximales faibles
- Résistance au brouillage extérieur faible

fiche #5 Les catégories de câbles à paires torsadées

Sept catégories de câbles sont définies en fonction de leurs performances, nommées Catégorie 1 à Catégorie 7.

Le câble le plus utilisé actuellement est de Catégorie 6. Il supporte aussi bien les réseaux Fast Ethernet à 100 Mbit/s que Gigabit Ethernet à 1 Gbit/s, ce rend la migration de l'un à l'autre aisément sans modification du câblage.

Les Catégories 6a et 7 ont été conçues plus spécifiquement pour supporter les infrastructures 10 Gigabits Ethernet.

Catégorie	**Fréquence maximale**	**Débit maximal**	**Utilisation**
1 et 2	< 10 MHz	1 Mbit/s	- voix et données
3	20 MHz	16 Mbit/s	- voix et données - réseaux Ethernet
4	20 MHz	20 Mbit/s	- voix et données - réseaux Ethernet
5 Norme EIA/TIA 568	100 MHz	100 Mbit/s	- voix et données - réseaux Fast Ethernet
5 améliorée 5+	100 MHz	155 Mbit/s	- voix et données - réseaux Fast Ethernet - réseaux ATM à 155 Mbit/s
5 améliorée 5e Norme EIA/TIA 568-A.5	200 MHz	155 Mbit/s	- voix et données - réseaux Fast Ethernet - réseaux ATM à 155 Mbit/s
6 Norme EIA/TIA 568-B.2-1	250 MHz	1 Gbit/s	- voix et données - réseaux Fast Ethernet - réseaux Gigabit Ethernet - réseaux ATM à 155 Mbit/s - réseaux ATM à 622 Mbit/s
6a Norme EIA/TIA 568-B.2-10	500 MHz	10 Gbit/s	- voix et données - réseaux Fast Ethernet - réseaux Gigabit Ethernet - réseaux 10 Gigabit Ethernet
7	1 GHz	10 Gbit/s	- voix et données - réseaux Gigabit Ethernet - réseaux 10 Gigabit Ethernet

Fig. 5. Catégories de câbles à paires torsadées

fiche #6 La fibre optique

Caractéristiques

Une fibre optique est un cylindre constitué d'un matériau conduisant la lumière, enveloppé dans un isolant. L'information lumineuse est transmise dans la partie centrale, le cœur, par réfractions successives.

La transmission de données sur une fibre optique nécessite l'utilisation d'un convertisseur optique qui adapte les signaux électriques reçues de la station ou d'une infrastructure filaire en signaux lumineux.

Pour émettre une valeur binaire, un multiplexage de longueurs d'ondes est utilisé.

Deux connecteurs fibre sont disponibles sur le marché : SC ou ST. Le développement de la norme 802.3z et des infrastructures Gigabit Ethernet fiche #10 a amené la normalisation du connecteur SC.

Fig. 7. Connecteur SC et ST

Avantages/inconvénients

Avantages	Inconvénients
• Débits possibles très élevés	• Éléments actifs relativement coûteux
• Signaux lumineux insensibles aux interférences extérieures	
• Connexion sur une fibre optique particulièrement difficile en termes de sécurité	
• Très faible affaiblissement du signal : liaisons de longueur importante possibles	

Fibre multimode à saut d'indice

Le cœur translucide d'une fibre optique à saut d'indice est recouvert d'un matériau qui ne laisse pas passer la lumière (indice de réfraction nul). Le rayon lumineux transmis à une extrémité de la fibre est donc acheminé par réfractions successives dans le cœur jusqu'à l'autre extrémité. Pour son utilisation dans les réseaux locaux, son prix est le moins élevé du marché des fibres.

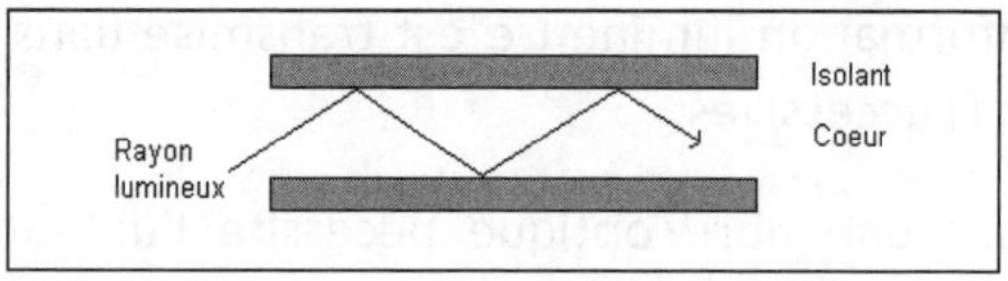

Fig. 8. Fibre multimode à saut d'indice

Fibre multimode à gradient d'indice

Dans une fibre multimode à gradient d'indice, l'indice de réfraction de la gaine n'est plus fixe : il diminue en s'éloignant du cœur (diminution de la longueur du chemin parcouru par la lumière et donc diminution du temps de transmission et augmentation du débit). Cette conception plus complexe entraine une augmentation du coût.

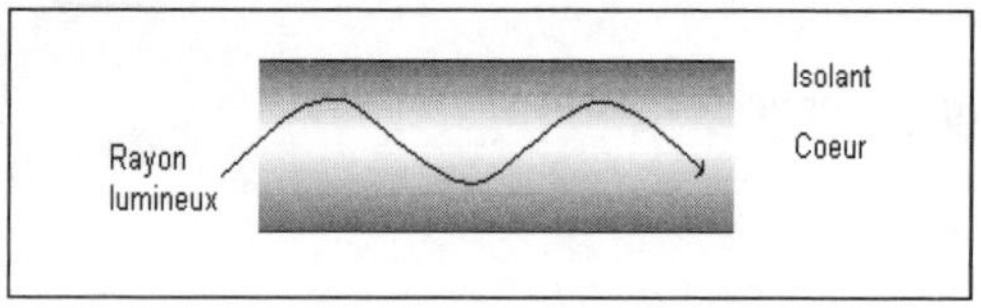

Fig. 9. Fibre multimode à gradient d'indice

Fibre monomode

Une fibre monomode a la particularité de ne transmettre que les rayons dont la trajectoire est l'axe de la fibre. Ici encore la diminution de la longueur du trajet à parcourir par la lumière entraine une augmentation du débit. La technicité du faisceau laser employé aux extrémités étant accrue, le coût l'est aussi.

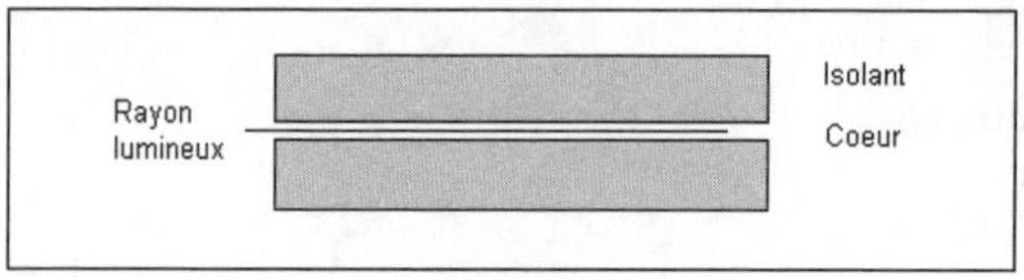

Fig. 10. Fibre monomode

fiche #7 La méthode CSMA/CD

Principe

Les réseaux locaux utilisent la diffusion pour mode de transmission. Chaque poste de travail du réseau est libre d'émettre sur le support physique lorsqu'il en a besoin. Ce média de transmission étant unique et partagé entre tous les postes connectés et susceptibles d'émettre, des techniques d'accès doivent être mises en place.

La méthode CSMA/CD

La méthode CSMA/CD (*Carrier Sense Multiple Access / Collision Detection*) définit qu'un ordinateur émet s'il observe que le support est libre. Après émission d'une trame, l'interface réseau reste à l'écoute d'une éventuelle collision). Si c'est le cas, une nouvelle transmission sera tentée après un temps d'attente de durée aléatoire.

L'importance de la méthode CSMA/CD est liée au fait qu'elle est utilisée dans les architectures de réseaux locaux Ethernet, Fast Ethernet et Gigabit Ethernet. Ces trois architectures représentant la quasi-totalité des réseaux locaux actuels, on comprend aisément que CSMA/CD soit devenue la méthode de référence en matière d'accès au média.

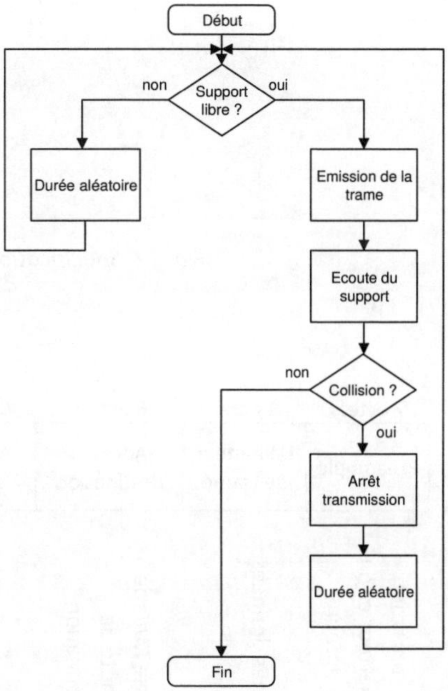

Fig. 11. Méthode CSMA/CD

fiche #8 La norme 802.3u et l'architecture Fast Ethernet

Avant Fast Ethernet : Ethernet

La norme 802.3 définit des réseaux locaux utilisant la méthode d'accès au support CSMA/CD. Approuvée en 1985, elle s'est très rapidement imposée sur le marché des réseaux locaux grâce à l'architecture Ethernet.

Liaison de données	• Trames au format 802.3 de longueur de 64 à 1518 octets • Méthode d'accès CSMA/CD
Physique	• Topologie en bus logique • Supports physiques : - câble à paires torsadées (Catégorie 3 ou supérieure) - câble coaxial - fibre optique • Transmission en bande de base (Manchester) • Débit de 1 à 10 Mbit/s

Fig. 12. Spécifications pour une architecture Ethernet

7 octets	1 octet	6 octets	6 octets	2 octets	0 - 1500 octets	0 - 46 Octets	4 octets
Préambule	Délimiteur de trame	Adresse destination	Adresse source	Longueur champ données	Données	PAD	Contrôle d'erreur
Synchronisation de l'émetteur et du récepteur	début des données utiles	Adresse MAC de l'hôte de destination	Adresse MAC de l'hôte source	Longueur du champ données	Données	Champ données complété s'il est trop court	Contrôle d'erreur par méthode du code CRC

Fig. 13. Format de la trame 802.3

La norme 802.3u et l'architecture Fast Ethernet

Pour répondre à une demande toujours croissante en matière de réseaux locaux, l'IEEE a normalisé en 1995 une architecture haut débit. Directement basée sur les travaux réalisés pour 802.3, la nouvelle norme en est en fait une évolution. Elle est ainsi nommée 802.3u ou 802.14. L'architecture construite selon ces travaux est donc très proche d'Ethernet et porte le nom de *Fast Ethernet*.

La norme 802.3u définit donc les caractéristiques d'un réseau local proposant un débit de 100 Mbit/s sur trois types de câblages : le câble à paires torsadées de Catégorie 3 ou de Catégorie 5 et la fibre optique.

Comme pour la norme 802.3, la méthode d'accès au support est CSMA/CD.

Norme	**100BaseT4**	**100BaseTX**	**100BaseFX**
Support	Câble à paires torsadées de Catégorie 3 à 4 paires torsadées	Câble à paires torsadées de Catégorie 5 à 2 paires torsadées	2 fibres optiques
Longueur maximale d'un segment	100 m	100 m	2000 m / 10000 m

Fig. 14. Classes de transmission Fast Ethernet

fiche #9 Les éléments actifs Fast Ethernet

En Schéma : Les éléments actifs Fast Ethernet

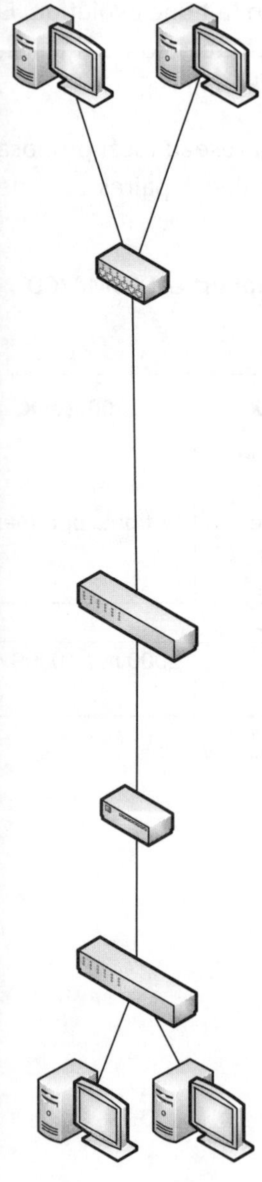

Chaque ordinateur est équipé d'une **interface réseau** (carte réseau) Ethernet possédant un connecteur RJ45 pour câble à paires torsadées et/ou ST ou SC pour fibre optique
La carte réseau possède une adresse physique, dite adresse MAC (codée sur 48 bits et unique).

Un **concentrateur** (*hub*) est le point central d'une topologie physique en étoile. Le hub présente des ports d'entrée/sortie, reliés entre eux par un bus interne haut débit.
Les rôles principaux d'un hub sont :

- Renvoyer les données arrivant sur un port d'entrée/sortie par diffusion sur tous les ports.
- Ré-amplifier les signaux en entrée
- Relier deux lignes de natures différentes (si plusieurs connecteurs présents) : fonction de transceiver.

Un **commutateur** (*switch*) est aussi utilisé pour connecter des éléments actifs en étoile, mais avec un fonctionnement amélioré : lorsqu'une trame est reçue sur un port d'entrée/sortie, elle est lue et interprétée au niveau MAC afin de déterminer son destinataire. Elle est ensuite émise uniquement sur le port sur lequel est connecté ce destinataire, limitant la diffusion.

Un **convertisseur** (*transceiver*) est un élément actif permettant d'interconnecter deux types de supports physiques différents (passerelle de niveau 1)

fiche #10 La norme 802.3z et l'architecture Gigabit Ethernet

Synthèse

Fast Ethernet a rapidement remplacé Ethernet au niveau de la connexion des stations de travail. Le problème était alors simple : si les liaisons terminales fonctionnent à un débit de 100 Mbit/s, comment adapter la technologie utilisée pour les dorsales ? Une nouvelle modification des recommandations définies par la norme 802.3 s'est donc avérée nécessaire.
La norme 802.3z, plus connue sous le nom Gigabit Ethernet a donc été présentée pour répondre à cette demande.

Caractéristiques techniques

Couche liaison de données

- Même format global des trames 802.3z mais taille augmentée (512 octets à 9000 octets)
- Méthode d'accès CSMA/CD

Couche physique

- Topologie en bus logique
- Supports physiques :
  - câble à paires torsadées (Catégorie 5e ou supérieure)
  - fibre optique
- Débit de 1000 Mbit/s

Fig. 15. Spécifications pour une architecture Gigabit Ethernet

Trois classes de transmission sont définies :

⇨ 1000BaseTX

La classe 1000BaseTX concerne les liaisons sur câble à paires torsadées supportant des débits de 1 Gbit/s. Seuls les câbles de Catégorie 5e ou supérieure permettent d'atteindre de telles performances sur deux paires.

⇨ 1000BaseSX et 1000BaseLX

Il est possible d'utiliser de la fibre multimode ou monomode, en fonction de la longueur du segment à installer (connecteur optique SC).

Classe	Support physique		Longueur maximale d'une liaison
1000BaseTX	Câble à paires torsadées de Catégorie 5e, 6, 7 ou 8		100 m
1000BaseSX	Fibre optique multimode 850 nm	62,5 µm	275 m
		50 µm	550 m
1000BaseLX	Fibre optique multimode 1300 nm	62,5 µm	550 m
		50 µm	550 m
	Fibre optique monomode 10 µm		10 km

fiche #11 La norme 802.3ae et l'architecture 10 Gigabits Ethernet

Synthèse

La norme 802.3ae, la plus récente des normes Ethernet, porte les infrastructures 10 Gigabits Ethernet ou 10-GBE.

Lors des travaux qui ont mené à 10-GBE, en plus de l'amélioration du débit, l'augmentation de la distance a été privilégiée, de façon à reculer la limite de 10 km des infrastructures Gigabit Ethernet.

Caractéristiques techniques

Couche liaison de données

- Même format global des trames 802.3z
- Méthode d'accès CSMA/CD

Couche physique

- Topologie en bus logique
- Supports physiques :
  - câble à paires torsadées (Catégorie 6a ou supérieure)
  - fibre optique
- Débit de 10 Gbit/s en full duplex

Fig. 16. Spécifications pour une architecture 10-GBE

8 classes de transmission principales sont définies.

Classe	Support physique	Longueur maximale d'une liaison
10GBaseT	Câble à paires torsadées de catégorie 6a et 7	100 m
10GBaseSR 10GBaseSW	Fibre optique multimode longueur d'onde 850 nm	300 m
10GBaseLR 10GBaseLW	Fibre optique monomode longueur d'onde 1310 nm	10 km
10GBaseLX4	Fibre optique multimode 1310 nm	300 m
	Fibre optique monomode	10 km
10GBaseER 10GBaseEW	Fibre optique monomode longueur d'onde 1550 nm	40 km

fiche #12 Les réseaux sans fil

Principe

Certains milieux autorisent la transmission des ondes électromagnétiques : l'air, le vide... et peuvent être utilisés par les réseaux sans fil comme support de transmission. On nomme alors ces milieux conducteurs l'espace hertzien.

Les caractéristiques principales d'une onde électromagnétique sont :

- sa fréquence, en Hertz (Hz) : nombre d'oscillations observées en une seconde,
- sa longueur d'onde (m) : distance entre deux maxima (ou deux minima) consécutifs.

Familles d'ondes électromagnétiques

Des familles d'ondes électromagnétiques ont été nommées en fonction de leur longueur d'onde.

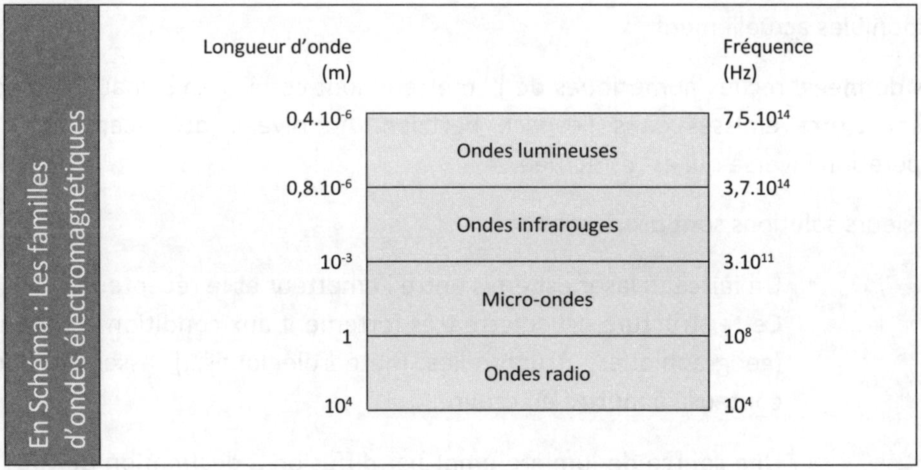

Fig. 17. Familles d'ondes électromagnétiques

Ondes radio

La gamme de fréquences réservée aux ondes radio est très large : elle s'étale de 10 kHz à 300 GHz.

Pour les fréquences les plus basses la transmission se fait par diffusion autour de la station émettrice. Les normes de réseaux locaux sans fil par ondes radio permettent aujourd'hui d'obtenir des débits très satisfaisants (jusqu'à 54 Mbit/s) De même, les distances de transmission sont importantes (jusqu'à 20 km).

Pour des fréquences élevées, au-delà de 100 MHz (micro-ondes), les débits obtenus peuvent être beaucoup plus importants et dépasser le Gbit/s. Ces ondes sont plus sensibles aux interférences, leur utilisation dans les réseaux nécessite de limiter leur diffusion (dans la direction souhaitée) au moment de leur émission.

Ondes infrarouges

Les ondes infrarouges (fréquences supérieures à 300 GHz) ne peuvent pas traverser les matériaux physiques, ce qui n'en fait pas des outils très utilisables pour des réseaux informatiques.

Ondes lumineuses

Des techniques de transmission par ondes lumineuses ont été élaborées et sont disponibles actuellement.

Les données, reçues numériques de l'émetteur sont codées en signaux lumineux avant d'être émisses dans l'espace hertzien. Au niveau du récepteur, c'est l'opération inverse qui est effectuée.

Plusieurs solutions sont proposées :

- Un faisceau laser est émis entre l'émetteur et le récepteur.
  Cette structure est sujette très fortement aux condition extérieures (géographiques, structurelles, météorologiques…), assez complexe couteuse à mettre en œuvre.

- Une source de lumière émet par diffusion à destination de tous les hôtes à sa portée.
  Dans cette catégorie, la récente norme LiFi utilise les LED pour diffuser les informations lumineuses fiche #16.

fiche #13 La méthode RTS/CTS

Principe

Dans un réseau sans fil, c'est le support hertzien qui est partagé entre toutes les stations, facilitant la concertation de tous les postes. La méthode RTS/CTS (*Request To Send/Clear To Send*) est adaptée et destinée aux communications sans fil.

La méthode

Le principe de la méthode RTS/CTS est de sonder et de réserver le support par un court échange avec le récepteur.

Si cet échange aboutit, les autres ordinateurs, qui ont observé un signal, n'émettent pas. Ils attendront à leur tour de pouvoir réserver le support.

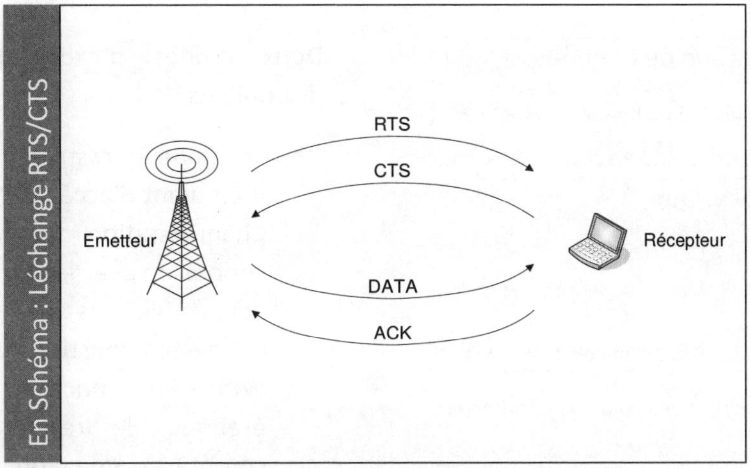

Fig. 18. Échange RTS/CTS

La méthode RTS/CTS porte aussi le nom de CSMA/CA (*CSMA/Collision Avoidance*).

fiche #14 La norme 802.11 et les architectures sans fil Wifi

Réseaux sans fil

Le principe est de permettre la communication sans utiliser de support physique matériel.

Trois technologies sont actuellement disponibles :

- les ondes radio
- le faisceau laser
- la diffusion de lumière

La norme 802.11 définit les spécifications d'une communication sans fil par onde radio. Les infrastructures basées sur 802.11 portent le nom de Wifi.

Spécifications techniques

Couche liaison de données
• Même format global des trames 802.3z • Méthode d'accès RTS/CTS
Couche physique
• Ondes radio • Débit de 3 Mbit/s à 54 Mbits/s selon versions • Distance de 30 à 200 m selon versions

Fig. 19. Spécifications pour une architecture 802.11

Deux modes d'exploitation sont disponibles :

- Le mode infrastructure, autour d'un point d'accès Wifi :
  Chaque station met en place une connexion avec le point d'accès : l'ensemble des éléments ainsi connectés constitue une cellule Wifi. En fonction de son étendue, le réseau sans fil comptera une ou plusieurs cellules.

- Le mode poste à poste
  Chaque station mobile peut transmettre des données à une autre dans la zone de couverture de son interface Wifi.

En Schéma : Les infrastrcture 802.11

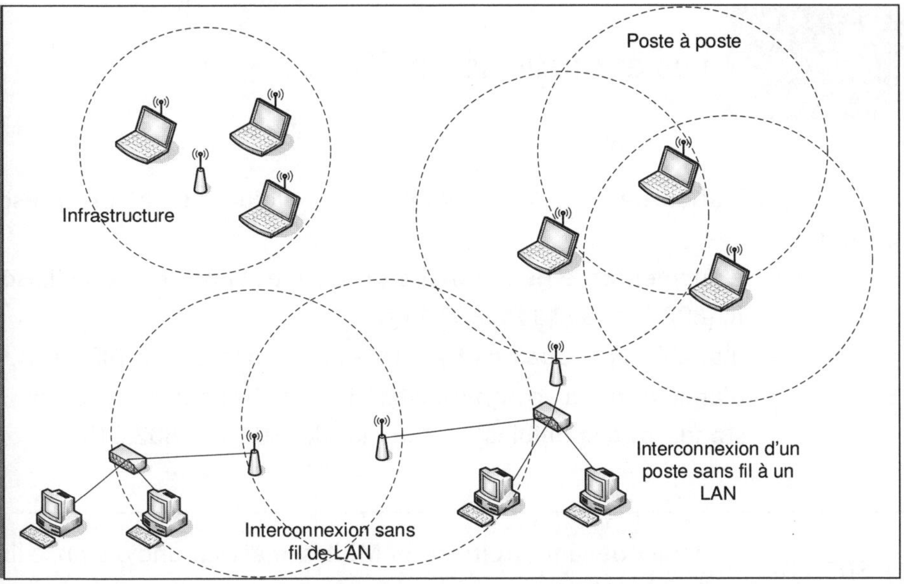

Une attention particulière doit être portée à la sécurisation d'un réseau sans fil. La norme 802.11 définit 2 niveaux de sécurité :

① Un réseau sans fil est identifié par un SSID (*Service Set Identifier*), indispensable à connaître pour mettre en place la connexion avec le point d'accès.

Un premier problème de sécurité apparaît : pour signaler sa présence, le point d'accès diffuse en continu son SSID. Une solution simple est de désactiver cette fonction de diffusion du SSID et de ne faire connaître la valeur de ce dernier qu'aux utilisateurs autorisées à se connecter.

② L'emploi d'un protocole de chiffrement permet de sécuriser les transmissions de données entre le point d'accès et les stations. Le protocole défini initialement par 802.11 est WEP (*Wired Equivalent Privacy*), basé sur l'utilisation d'une clé de chiffrement. La clé trop courte définie en WEP est une faille de sécurité. Les nouvelles versions de 802.11 solutionnent ce problème par l'emploi d'autres protocoles de chiffrement.

Très rapidement la norme 802.11 a évolué et de nombreuses versions ont apporté des améliorations (débit, qualité, sécurité...) fiche #15.

fiche #15 Les évolutions de 802.11

Depuis la ratification de 802.11, de nombreuses évolutions ont été présentées, permettant :

- d'augmenter le débit binaire proposé et la portée de la liaison sans fil (802.11a, 802.11b, 802.11g),
- d'améliorer la qualité et sécurité des transmissions (802.11i),
- d'améliorer la compatibilité de l'architecture avec les autres standards disponibles dans le monde (802.11f, 802.11h).

802.11a	Débit pouvant atteindre 54 Mbit/s, mais sur une distance limitée de 30 mètres
802.11b	Liaisons fonctionnant à 11 Mbit/s sur une distance maximale de 200 mètres (norme très répandue jusqu'à l'arrivée de 802.11g)
802.11g	Principale évolution, spécifiant des transmissions haut débit à 54 Mbit/s sur une distance de 200 mètres
802.11i	Nouveau protocole de chiffrement (WPA, puis WPA2) mise en place (WEP, puis WAP étant relativement peu sécurisés)
802.11f	Amélioration de la compatibilité des matériels mis sur le marché (complète transparence pour l'utilisateur final)
802.11h	Modification de certaines spécifications techniques pour rendre 802.11 conforme au standard européen en vigueur (HiperLAN).
802.11r	Amélioration des performances : réduction du temps de connexion lors du passage entre deux points d'accès
802.11ac	Amélioration du débit maximal : transmissions haut débit à 1,3 Gbit/s.

fiche #16 La norme 802.15.7 et l'architecture LiFi

Concept

La technologie LiFi (*Light Fidelity*) est une norme récente de transmission par ondes lumineuses.

Les données, sous forme de signal électrique, sont transmises par un routeur LiFi à une interface qui les code en signal lumineux via une LED. Ce signal lumineux est reçu par un récepteur qui a pour rôle de le retransformer en signal électrique, puis en données sous leur forme initiale.

En schéma : L'infrastructure 802.15.7

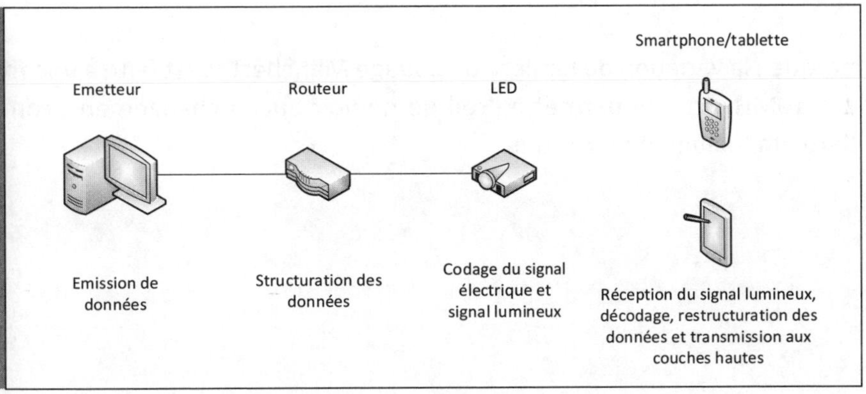

Comparatif Wifi/LiFi

Les avantages de l'utilisation d'une onde lumineuse plutôt qu'une onde électromagnétique de basse fréquence sont nombreuses :

- Un signal lumineux n'est pas sujet à des perturbations électromagnétiques liées à des circuits de courant fort ou des installations industrielles.
- Un très haut débit est possible théoriquement.
- Les technologies par LEDs sont déjà très présentes dans les réseaux d'éclairage.
- Il n'apparaît pas actuellement de problème de santé publique.
- La LED est une technologie à basse consommation, ce qui inscrit le LiFi dans l'évolution actuelle vers le développement durable.

Caractéristiques techniques

Liaison de données	• Trames au format 802.3 de longueur de 64 à 1518 octets • Méthode d'accès CSMA/CD
Physique	• Support : ondes comprises entre 460 THz (lumière de couleur rouge) et 670 THz (lumière de couleur bleue). • Transmission en codage Manchester : - 1 : passer de allumé à éteint - 0 : passer éteint à allumé • Débit de 11,67 kbit/s à 96 Mbit/s, pour un débit maximal théorique de 1Gbit/s.

Fig. 20. Spécifications pour une infrastructure LiFi

Remarque : la variation de lumière du codage Manchester est faite à une fréquence de 1 à 10MHz, ce qui permet à l'œil de ne voir aucun changement, comme si la lumière était allumée en continu.

fiche #17 Le système GSM

Un peu d'histoire

L'architecture GSM (*Global System for Mobil communications*) est un système européen de communication numérique sans fil, basé sur une technologie de transmission par paquets radio.

Le système GSM 900 a d'abord utilisé la bande de fréquences des 900 MHz (plus précisément de 890 à 915 MHz pour les transmissions de la station mobile vers la station de base et de 935 à 960 MHz pour le sens opposé). La saturation de cette plage de fréquences a entraîné la réservation de la bande des 1800 MHz (Europe) et des 1900 MHz (États-Unis), d'où la qualification de tri-bande, puis celle des 850 MHz (quadri-bande), utilisables par les téléphones compatibles avec ces quatre systèmes. Le concurrent le plus proche de GSM est le système DCS 1800, compatible avec le système GSM 900.

Infrastructure GSM

Le réseau GSM est basé sur 4 éléments structurels :

- La station mobile (téléphone portable, ordinateur client distant...) :
  C'est l'extrémité de la communication, qui souhaite émettre ou recevoir des données
- Les stations de base (BTS : *Base Tansceiver Station*) :
  Souvent appelées antennes-relais, elles définissent les cellules GSM, dont la géographie diffère selon l'environnement réel (obstacles naturels, réseaux routiers...). Les rôles des BTS sont la gestion des canaux d'échange avec les stations mobiles, la transmission sur ces canaux, la sécurité et la confidentialité des communications avec les mobiles et la qualité des émissions et réceptions.
- Les contrôleurs des stations de base, qui gèrent :
  - les communications entre les stations de base,
  - les déplacements de la station mobile entre les cellules.
- Les centres de gestion :
  Ces passerelles ont en charge l'interconnexion du réseau mobile avec le réseau téléphonique commuté fixe (RTC).

En Schéma : Le réseau GSM

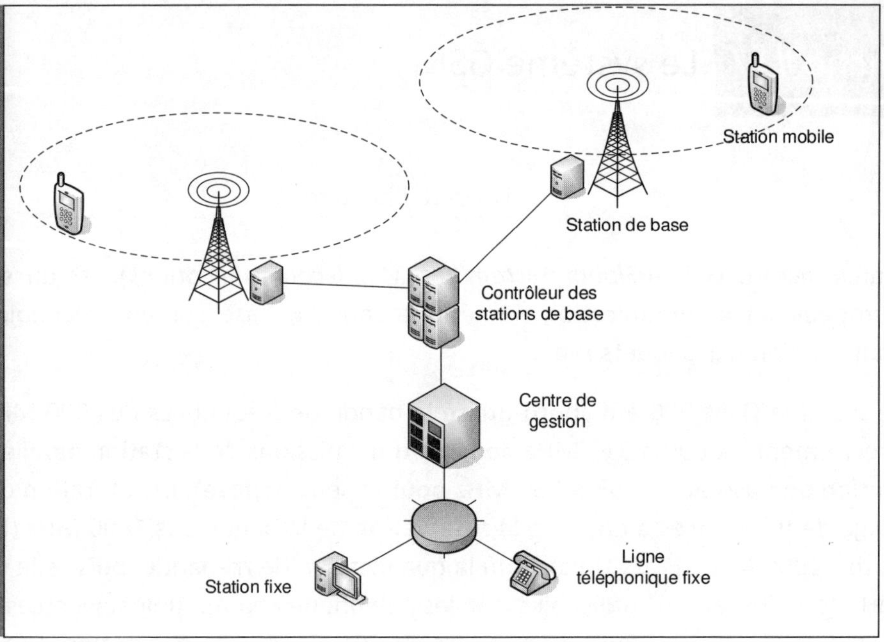

De régulières et nombreuses évolutions permettent à la norme GSM de s'adapter aux besoins actuels, principalement en termes de débit proposé. Ces évolutions portent le nom de générations GSM fiche #18.

fiche #18 Les générations de GSM

Notion de génération

Depuis sa mise en place, le réseau GSM doit s'adapter aux besoins. Dans ce domaine, l'évolution de ces besoins est très rapide. Cette évolution porte sur la nature du besoin (voix, données, services...) et sur le débit et la qualité nécessaires à la fourniture des services.

Nous sommes aujourd'hui à la 4ème génération (4G).

Commençons par une vision globale de l'évolution de la téléphonie mobile, puis nous présenterons succinctement chacune des technologies citées.

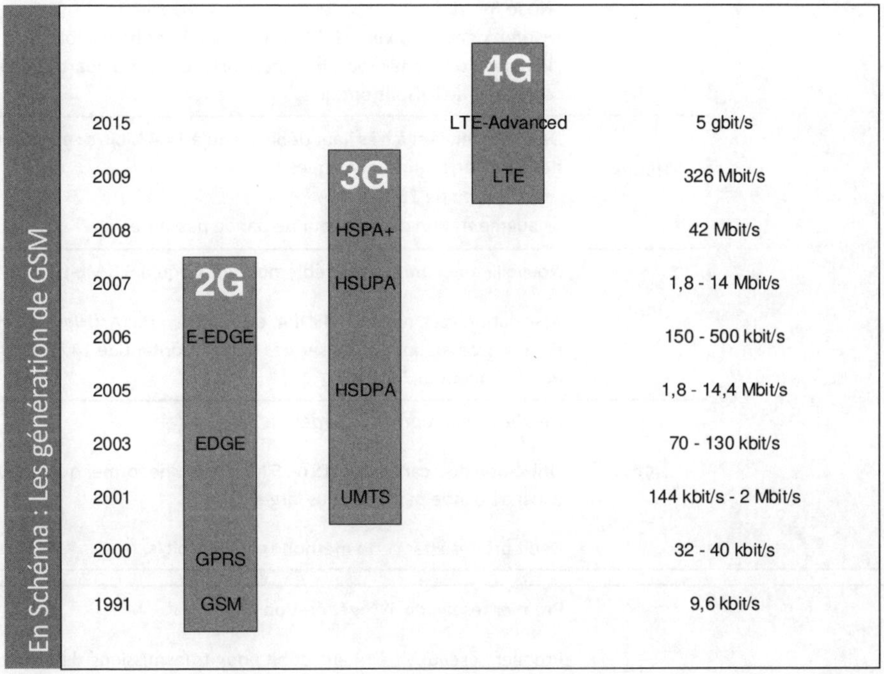

Le 3GPP (*3rd Generation Partnership Project*), qui regroupe les grands organismes de standardisation au niveau mondial, est actuellement la référence en pour tous les travaux et normalisations.

Générations de GSM

2G	GPRS	En plus des communications téléphoniques, possibilité d'émettre des données (communications téléphoniques par GSM et un mode de transmission par paquets pour les transferts de données) Débit maximum à 171,2 kbit/s
	EDGE	Parallèlement à la mise en place de la 3G par UMTS : évolution de GPRS à un débit plus élevé (384 kbit/s) Méthode de modulation par saut de phase
3G	UMTS	Spécifications des stations mobiles de 3e génération (3G). Modifications des bandes de fréquences utilisées (1885 à 2025 MHz et 2120 à 2200 MHz) et de la méthode de modulation : évolution à un débit compris entre 144 kbit/s et 2 Mbit/s Évolution des éléments structurels : • Dénomination de la station de base : Node B • Gestion des Node B par un contrôleur de réseau radio (RNC : *Radio Network Controler*), pouvant être en charge de plusieurs Node B • Interconnexion avec le RTC par un réseau très haut débit appelé le réseau d'amenée (*backhaul network*), dans la plupart des cas constitué de liaisons optiques
	HSDPA	Débit descendant à très haut débit, jusqu'à 14,4 Mbit/s : évolution des caractéristiques techniques : • utilisation de 16 canaux • augmentation de la largeur de bande passante
	HSUPA	Nouvelle amélioration du débit montant jusqu'à 5,8 Mbit/s Association des normes HSDPA et HSUPA : HSPA (*High Speed Packet Access*), pour proposer des débits montant de 14,4 Mbit/s et descendant de 5 Mbit/s
	HSPA+	Dernière évolution des normes de 3G Utilisation de 2 canaux UMTS de 5 MHz, pour ne former qu'un seul canal de bande passante plus large. Débit proposé par cette méthode est 42 Mbit/s.
4G	LTE	Premier réseau de 4ème génération (4G) Premier réseau à très haut débit pour transmissions de voix et données : • Débit descendant de 326 Mbit/s • Débit montant de 86 Mbit/s
	LTE Advanced	En réalité la première norme de réseau 4G fiche #19 : débit de 1 Gbit/s

fiche #19 La 4G

LTE

LTE (*Long Term Evolution*) est considéré comme le premier réseau de 4ème génération (4G). Proposant un très haut débit un débit descendant de 326 Mbit/s et montant de 86 Mbit/s.

Trois techniques de base se complètent pour proposer le très haut débit :

- Utilisation d'une bande passante de largeur plus importante (de 1,4 MHz à 20 MHz) : plus de partage de la bande passante, toutes les cellules travaillent avec les mêmes fréquences, et donc augmentation du débit.
- Simplification de l'infrastructure sans fil est réalisée : toutes les tâches intermédiaires sont effectuées par les stations de base (suppression des contrôleurs de réseau radio et des centres de gestions.
- Utilisation d'un protocole : IP (et les protocoles Internet associés) pour la voix et données. Toutes les communication téléphoniques sont numériques en VoIP fiche #44.

En Schéma : L'infrastructure LTE

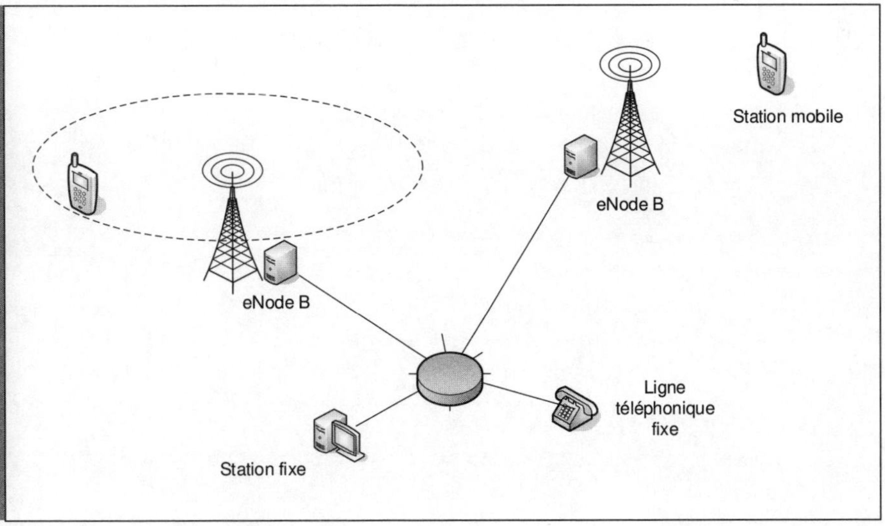

LTE Advanced

LTE Advanced est en réalité la première norme de réseau 4G : en effet c'est la première à proposer un débit de 1 Gbit/s. Normalisée en 2012, les premières offres commerciales ont été mises sur le marché en 2015.

D'un point de vue technique, le 3GPP présente les améliorations de LTE Advanced par rapport à LTE en quatre points :

- très hauts débits : jusqu'à 3 Gbit/s descendant et 1,5 Gbit/s montant,
- bande de fréquences plus large (agrégat de bandes de fréquences jusqu'à 100 MHz) et donc débit plus élevé,
- nombre plus élevé de communications simultanées dans une cellule,
- conception des cellules améliorée pour permettre une qualité plus homogène dans toute la cellule.

fiche #20 L'internet des objets

Concept

On parle aujourd'hui de Web 3.0. pour l'évolution d'Internet vers l'Internet des objets. Internet évolue vers une interconnexion universelle de tous les objets du monde réel. Le terme d'objet est aussi universel : il désigne tout élément que l'on pourrait désigner de manière unique par un adressage.

L'Internet des objets (IoT *Internet of Things*) permet des échanges de données entre les ressources informatiques habituelles et des objets de natures très différentes et issus de nombreux domaines.

Objets connectés

Au quotidien, la plupart de ces objets connectés doivent l'être sans fil :

- dans le secteur de la santé : capteurs dans le corps humain, surveillance de constantes…
- pour l'habitat : éléments de domotique, commande à distance, sécurité, thermostats…
- pour les loisirs : montres, sport, cuisine, décoration…
- dans le domaine professionnel : capteurs pour l'agriculture, capteurs dans entreprises industrielles, gestion des chaines d'approvisionnement …
- dans le domaine de l'énergie : gestion des réseaux d'eau, d'électricité…
- dans les véhicules : voitures, avions, bateaux, gestion de flotte…
- pour l'environnement : qualité de l'air, température…

fiche #21 La norme 802.15.4 et les architectures LPWAN

Les LPWAN

La norme 802.15.4 définit les infrastructures LPWAN (*Low Power Wide Area Network*). Celles-ci sont définies par l'interconnexion d'objets :

- de basse consommation énergétique,
- sans fil,
- à bas débit,
- sur de courtes distances.

Les principales spécifications de la norme 802.15.4 ont pour objectif de réduire la consommation énergétique des couches physiques et liaison de données :

- une modulation par saut de phase,
- des techniques d'étalement de spectre, qui permettent de partager une même fréquence par de plus nombreux utilisateurs tout en limitant la consommation,
- quelques dizaines de mètres : la puissance de l'interface n'est pas spécifiée dans la norme, pour pouvoir s'adapter à chaque pays,
- l'utilisation de 3 bandes passantes : 868 MHz pour l'Europe, 915 MHz pour l'Amérique du nord et 2,4GHz pour les autres régions,
- un débit maximal de 250kbit/s,
- une gestion de l'énergie de l'interface, qui reste en veille et ne se réveille que pour émettre des données,
- l'utilisation de la méthode CSMA/CA fiche #7 pour l'accès au support.

Il n'y a pas encore actuellement de technologie normalisée permettant une interconnexion compatible entre tous les objets. En France, deux standards se sont actuellement imposés sur le marché : LoRa et Sigfox.

Le domaine de la santé a été le sujet de travaux importants pour l'interconnexion des objets qui lui sont spécifiques. Une norme a été mise en place pour ce domaine : 802.15.6., avec notamment des améliorations au niveau de :

- la couche physique de communication au sein du corps humain,
- de la qualité,
- de l'économie énergétique.

fiche #22 Le routage

Principe

Un algorithme de routage a pour rôle d'acheminer un paquet de données à travers le réseau. Une telle fonction ne peut donc pas être centralisée, mais doit être présente dans chaque nœud du maillage.

L'algorithme de routage doit, pour chaque paquet parvenant au nœud sur l'un de ses ports d'entrée, choisir de manière déterministe et optimisée sur quel port de sortie l'orienter.

Les algorithmes de routages peuvent être divisés en deux classes principales :

- Les algorithmes **non adaptatifs** utilisent un ensemble de routes statiques mises en place par une étude préliminaire. Ils ne tiennent pas compte de l'état des lignes de transmission au moment de l'envoi d'un datagramme.
- Les algorithmes **adaptatifs** précèdent tout envoi de données par une étude du contexte. Ces algorithmes se basent sur l'observation directe du maillage du réseau ou du trafic sur les lignes à un instant donné. On parle dans ce cas de routage dynamique. Les techniques mises en œuvre sont plus complexes mais sont justifiées par les performances obtenues.

Un algorithme de routage doit être :

- **déterministe** : face à une situation donnée, une solution unique doit être fournie : aucun choix n'est laissé à l'utilisateur ou au hasard,
- **équitable** entre les utilisateurs dont le nombre peut être très important,
- **robuste** en toutes circonstances,
- **optimisé** pour définir rapidement une route.

Algorithmes

Les travaux sur les algorithmes de routage sont nombreux : nous présentons ici les principaux algorithmes qui sont implémentés dans des architectures de réseaux (routage par inondation, routage à vecteur de distance, routage hiérarchique).

Routage par inondation (*Flooding*)

C'est le routage utilisé en mode diffusion : un datagramme reçu par un routeur sur l'un de ses ports est réémis sur tous les autres ports :

- engendre un trafic très important sur la totalité des lignes de transmission.
- ne convient donc pas à des réseaux de taille élevée ou possédant un grand nombre de nœuds.

Routage du plus court chemin

Au niveau mathématique, un réseau maillé peut être représenté par un graphe dont les sommets sont les routeurs et les arêtes sont les lignes de transmission.
Il est possible d'associer à chaque arête un coût (débit, encombrement…) : le réseau peut ainsi être assimilé à un graphe valué. La recherche du plus court chemin consiste alors à trouver la chaîne dont la somme des coûts des arêtes est minimale.

Il existe plusieurs manières de compter la longueur d'un chemin, en fonction du critère important dans une situation précise : compter le nombre de routeurs traversés, mesurer la distance géographique, évaluer le trafic sur un chemin...

Routage à vecteur de distance

Utilisé par Internet, le routage à vecteur de distance est l'un des premiers algorithmes dynamiques. Chaque élément actif possède en mémoire une table de routage qui lui est propre (indiquant, pour chacune des destinations connues, le port de sortie à utiliser).
Des communications inter-routeurs permettent de mettre à jour régulièrement la table de routage de chaque routeur à partir des connaissances de ses voisins.

Le routage RIP utilisé sur Internet est basé sur un routage à vecteur de distance mais il a intégré des améliorations pour diminuer la taille des tables de routage. Une solution consiste à diviser le réseau en zones géographiques appelées régions : chaque routeur va alors posséder dans sa table les sorties vers chaque destinataire situé dans sa région et les sorties vers les autres régions.

Routage dans les réseaux sans fil

Un algorithme spécifique a dû être mis en place car le terminal mobile se déplace géographiquement à travers les cellules associées aux stations de base.

Initialement, chaque mobile est associé à une cellule correspondant à sa station de base de rattachement. Chaque station de base (BCS) possède deux entités logicielles permettant de gérer les communications inter-stations : l'agent domestique est en charge de la gestion des mobiles rattachés et l'agent extérieur de ceux qui se trouvent à un instant donné dans la cellule associée.

Lorsqu'un mobile arrive dans une nouvelle cellule, il demande sa connexion à la station de base correspondante. Cette phase de connexion nécessite un échange avec sa cellule de rattachement :

① Le mobile se met en contact avec la BCS de la nouvelle cellule afin de lui signaler son arrivée. Il lui indique alors l'adresse de sa BCS de rattachement.

② L'agent extérieur de la nouvelle cellule contacte l'agent domestique de la cellule de rattachement.

③ L'agent domestique enregistre la localisation du mobile dans une table de routage. De même, l'agent extérieur de la nouvelle cellule enregistre l'adresse du mobile dans une table.

Le routage des communications est réalisé par les mêmes entités logicielles. L'agent domestique réémet les données vers une autre station de base grâce à sa table de routage. L'agent extérieur de cette cellule d'accueil, grâce à sa table, transmet les données au mobile.

Lorsque l'ordinateur mobile sort de la cellule, il prend contact avec l'agent extérieur qui supprime l'entrée lui correspondant dans sa table des mobiles.

fiche #23 Le protocole IP

Un peu d'histoire

Internet est né de l'interconnexion de nombreux réseaux locaux, de norme, de taille et d'organisation très différentes.

Les éléments d'infrastructure sont donc aussi nombreux et de natures très différentes (ordinateurs, terminaux mobiles, périphériques, objets connectés, commutateurs, routeurs...).

Devant cette hétérogénéité, La création d'un protocole de communication universel s'est imposée : à la fin des années 70 a donc été présenté le protocole de communication IP (*Internet Protocol*) permettant l'interconnexion de systèmes hétérogènes, indépendamment des supports de transmission, des normes d'architecture réseau, des systèmes d'exploitation ou des applications utilisées.

IP est aujourd'hui devenu le protocole de communication universel.

Pile TCP/IP

Le protocole IP est l'un des membres d'une famille de protocoles que l'on nomme couramment la pile TCP/IP. Dans la plupart des cas, il est associé au protocole TCP de niveau transport, d'où l'appellation courante de TCP/IP, mais il peut communiquer avec d'autres protocoles.

SSH, FTP, SMTP, DNS, SIP...
TCP, UDP
IP

Fig. 21. Pile TCP/IP

La version d'IP la plus répandue est IPv4, mais une nouvelle version (IPv6) a été normalisée.

fiche #24 Le datagramme IPv4

Concept

Le protocole IP propose un service :

- **non fiable**
  IP véhicule des entités (datagrammes IP) entre deux éléments à travers le maillage d'un réseau, sans aucune garantie de remise au destinataire.
  La gestion des erreurs en est fortement simplifiée : en cas de constat d'erreur dans les données reçues, le datagramme IP en cause n'est pas remis à la couche de niveau supérieur (transport) et une demande de réémission de ce datagramme est transmise à son émetteur.
- **sans connexion**
  IP émet les datagrammes IP en mode non connecté : chaque datagramme IP émis fera l'objet d'un routage indépendant.
  IP ne disposant pas de connaissance sur l'état des lignes de transmission ou sur la disponibilité du destinataire à la réception, l'ordre de réception peut différer de celui d'émission.

Datagramme IP

La couche réseau reçoit de la couche transport des paquets de données dont la taille n'est pas fixe : la première tâche du protocole IP consiste donc à scinder les données provenant de la couche supérieure en paquets de taille inférieure si leur taille est trop importante.

La nature même d'IP – interconnecter des éléments hétérogènes – entraîne un format relativement complexe pour le datagramme IP, présentant de nombreux champs, listés dans la figure suivante.

4 bits	4 bits	8 bits	16 bits	16 bits
Version	Longueur de l'entête	Type de service	Longueur totale	Identificateur
La *Version* indique par quel protocole IP a été créé le datagramme (migration progressive d'IPv4 vers IPv6 progressivement)	La *Longueur de l'entête* permet de détecter la présence ou non du champ *Options* (optionnel)	Le *Type de service* définit la qualité du service demandée pour le datagramme (rapidité, absence d'erreur de transmission, priorité...)	Le champ *Longueur totale* consigne la taille du datagramme émis (maximum 65536 octets)	Si le datagramme est fragmenté, le champ *Identificateur* indique à quel datagramme appartient le fragment reçu

4 bits	12 bits	4 bits	8 bits	16 bits
Drapeau	Position du fragment	Durée de vie	Protocole	Total de contrôle de l'entête
Le *Drapeau* permet de savoir si le datagramme est fragmenté	Si le datagramme est fragmenté, le champ *Position du fragment* permettra de reconstituer le datagramme	La *Durée de vie* permet de limiter le temps de présence des datagrammes dans le réseau (en nombre de routeurs traversés)	Protocole de niveau transport qui est à l'origine de l'émission de l'information contenue dans le datagramme	Le *Total de contrôle de l'entête* permet de détecter la présence d'erreurs de transmission survenues sur les champs de d'entête

32 bits	32 bits	< 32 bits	0 - 32 bits	*n* bits
Adresse source	Adresse destination	Options	Bourrage	Données
Adresse IP source du datagramme	*Adresse IP de destination* du datagramme	Des *Options* peuvent être ajoutées (sécurité et suivi) du datagramme.	Des bits de *Bourrage* complètent ce champ jusqu'à une taille fixe de 32 bits.	*Données*, de longueur variable (mais limitée par la taille maximale de 65536 octets pour l'ensemble des champs)

Fig. 22. Format du datagramme IP

fiche #25 L'adressage IPv4

Adresse IP

Chacun des éléments d'une infrastructure (hôtes, serveurs, périphériques, objets connectés, commutateurs administrables, routeurs…) travaillant avec le protocole IP doit posséder une adresse unique sur le réseau : son adresse IP.

L'adresse IP est utilisée d'une part pour identifier chaque élément dans l'infrastructure, et d'autre part pour réaliser le routage des datagrammes IP dans celle-ci.

Format d'adresse IP

L'adresse IP d'un ordinateur est une suite de 32 bits regroupant l'identifiant du réseau auquel appartient l'ordinateur (*rID*) et l'identifiant de ce dernier à l'intérieur du réseau (*oID*).

Parmi ces adresses, deux formes spécifiques d'adresses sont définies :

- l'adresse du réseau,
- son adresse de diffusion (*broadcast*).

Pour chaque réseau, identifié par son *rID*, ces deux adresses ne devront donc pas utilisées pour un hôte du réseau.

rID	*oID* tout à 0	adresse du réseau *rID*
rID	*oID* tout à 1	adresse de diffusion à tous les ordinateurs du réseau *rID*

Fig. 23. Adresse du réseau et adresse de diffusion

Classes d'adressage

Les adresse IP sont divisées en cinq classes, notées classe A à classe E, définies par les premiers bits de l'adresse.

	1 octet	1 octet	1 octet	1 octet
Classe A	0 *rID*	*oID*		
	2^7 réseaux (126)	2^{24}-2 ordinateurs (16 777 216)		
de	0.	0.	0.	1
a	127.	255.	255.	254
Classe B	10 *rID*		*oID*	
	2^{14} réseaux (16 384)		2^{16}-2 ordinateurs (65 534)	
de	128.	0.	0.	1
a	191.	255.	255.	254
Classe C	110 *rID*			*oID*
	2^{21} réseaux (2 097 152)			2^8-2 ordinateurs (254)
de	192.	0.	0.	1
a	223.	255.	255.	254
Classe D	1110 adresse multidestinataire			
de	224.	0.	0.	1
a	239.	255.	255.	254
Classe E	11110 réservé pour un usage ultérieur			
de	240.	0.	0.	1
a	247.	255.	255.	254

Fig. 24. Classes d'adressage IP

La classe A regroupe un petit nombre de très grands réseaux (réseaux nationaux, gouvernementaux, armées, grands opérateurs de télécommunications...). Notons qu'il n'y a plus aujourd'hui d'adresse de classe A disponible pour des réseaux qui en auraient la nécessité.

Les adresses de réseaux de classe B sont plus nombreuses. Elles permettent d'identifier des réseaux de taille relativement importante (jusqu'à 65534 éléments adressables). Leur nombre est cependant restreint (16384 réseaux possibles) et comme pour les adresses de classe A, les adresses de classe B sont actuellement totalement attribuées.

Les adresses de classe C sont destinées aux réseaux locaux, qui ne comptent qu'un nombre peu élevé d'ordinateurs (254 au maximum).

La classe D, peu utilisée, définit des adresses multidestinataires correspondant en fait à un groupe d'ordinateurs.

La classe E a été prévue initialement pour réserver un certain nombre d'adresses pour les évolutions d'Internet. Elle n'a été dans la réalité que très peu utile, les classes A, B et C ayant été saturées beaucoup plus rapidement que prévu.

Les adresse IP sont habituellement représentées en notation décimale pointée, de la forme $x_1.x_2.x_3.x_4$.

Certaines valeurs de *oID* et *rID* correspondent à des cas définis :

- Les adresses dont le premier octet est 127 sont des adresses de rebouclage : elles désignent l'ordinateur local, quelles que soient les valeurs des trois octets correspondant à *oID*. Elles sont utilisées pour les échanges de données entre applications s'exécutant sur une même machine.
- Une valeur à 0 pour les octets de *rID* signifie que l'adresse *oID* fait partie du réseau courant (localhost).

Au niveau mondial, les adresses IP sont réparties par l'IANA (*Internet Assigned Numbers Authority*) entre les différents registres régionaux d'adresses Internet ou RIR (*Regional Internet Registries*), représentant chacun une zone géographique du monde.

Les adresses de réseaux 10.0.0.0, 172.16.0.0 à 172.31.0.0 et 192.168.0.0 à 192.168.255.0 sont des adresses réservées (définies dans la RFC 1918), destinées aux réseaux locaux.

fiche #26 Les masques de sous-réseau

Principe

En utilisant des adresses de classe A, B ou C, le nombre d'ordinateurs adressables est souvent plus important que le réseau n'en possède.

Il est possible d'utiliser un certain nombre de bits de l'identificateur d'ordinateur *oID* pour découper le réseau en plusieurs sous-réseaux logiques : *oID* peut alors regrouper un identificateur de sous-réseau et un identificateur de machine.

Les communications entre les sous-réseaux d'un réseau nécessiteront un routeur.

Masque de sous-réseau

Pour pouvoir interpréter une adresse IP, un ordinateur doit connaître le nombre de bits de *oID* qui sont utilisés pour identifier un sous-réseau. Il va pour cela utiliser le masque de sous-réseau qui lui est associé. Un masque de sous-réseau est exprimé sur 32 bits comme une adresse IP. Son principe de fonctionnement est le suivant : les bits du masque de sous-réseau correspondant dans l'adresse IP au réseau (*rID*)et au sous-réseau (*srID*) sont positionnés à 1 et ceux correspondant à l'ordinateur à 0.

Comme pour une adresse de réseau, la valeur « tout à 0 » pour *oID* correspond à l'adresse du sous-réseau et « tout à 1 » à son adresse de diffusion sur le sous-réseau.

Exemple	Hôte 150.100.225.10	10010110.01100100.11100001.00001010
	Masque de sous-réseau 255.255.255.0	11111111.11111111.**11111111**.00000000
		⇩
	rID	10010110.01100100 150.100
	srID	11100001 225
	oID	00001010 10
	L'adresse de l'hôte étant de classe B, *rID* est 150.100. Le troisième octet du masque est un octet complet de 1 : le troisième octet de l'adresse n'appartient donc plus à *oID*, mais correspond à l'adresse du sous-réseau : *srID* est 225 et *oID* dans ce sous-réseau est 10.	

fiche #27 Les sur-réseaux

Principe

Un masque de sous-réseau fiche #26 permet de « récupérer » dans une adresse IP des bits normalement affectés à l'identification des ordinateurs pour définir un sous-réseau dans le réseau.

Le principe de masque de sur-réseau est similaire : lorsque le nombre de machines adressables n'est pas suffisant pour un réseau donné, l'idée consiste à utiliser certains bits de l'adresse de réseau pour adresser ces machines.

Exemple ①

Soit le réseau d'adresse 192.168.10.0, donc de classe C.
Il est possible par défaut d'adresser dans ce réseau 2^8–2, soit 254, hôtes.

Si nous souhaitons adresser plus de 254 postes, il est possible de disposer d'un nombre d'adresses plus important : le masque 255.255.252.0 permet ainsi d'utiliser $2^{(8+2)}$–2 adresses : 1024 adresses.

Une des utilisations classiques de sur-réseaux est la simplification de la table de routage d'un routeur, lorsque la route vers plusieurs réseau ou sous-réseaux est la même, il est intéressant de regrouper les réseaux ou sous-réseaux consécutifs en une seule ligne, en mettant en place un sur-réseau, créant ainsi une route agrégée.

Exemple ②

Réseau	Masque	Routeur de saut suivant
192.168.0.0	255.255.255.0	192.168.100.100
192.168.1.0	255.255.255.0	192.168.100.100
...	...	...
192.168.6.0	255.255.255.0	192.168.100.100
192.168.7.0	255.255.255.0	192.168.100.100

⇩

Réseau	Masque	Routeur de saut suivant
192.168.0.0 (entrée agrégée)	255.255.248	192.168.100.100

fiche #28 La notation CIDR/VLSM

Synthèse

Face à la rapide croissance d'Internet, une pénurie des adresses de classe A, puis B est rapidement apparue. Or, de très nombreuses entreprises comptant plus de 254 postes désiraient obtenir une adresse. Dans un même temps, la taille des tables de routage des routeurs Internet a augmenté de manière exponentielle. Ces deux constats ont conduit l'IETF à mettre en place une nouvelle gestion des adresses IP.

Principe

La notation CIDR (*Classless InterDomain Routing*) définit un routage Internet sans classe : quelle que soit la valeur du ou des premiers octets de l'adresse, le découpage entre *rID* et *oID* est donné par un nombre joint à l'adresse après un signe « / » correspondant au nombre de bits utilisés pour identifier la partie *rID*.

Ainsi, la notation CIDR définit en réalité la plage d'adresses correspondant à un réseau, en donnant la première adresse de cette plage.

Exemples

Exemple ①	175.10.150.20/16 : le nombre 16 qui suit l'adresse indique que les 16 premiers bits correspondent à *rID* (175.10), les 16 bits restants permettant d'identifier *oID* (150.20). Ce cas correspond à un simple réseau, correspondant à une classe B en notation classique, pouvant compter jusqu'à 65534 postes.

Exemple ②	195.120.10.2/24 : les 24 premiers bits correspondent à *rID*, les 8 bits restants identifiant *oID*. Nous sommes face à un cas simple correspondant à une classe C en notation classique.

195.120.10.2/22 : 22 bits sont affectés à *rID*, 10 bits sont donc utilisés pour identifier les ordinateurs.

En binaire, cette notation nous indique que :

- 11000011 01111000 000010 est le *rID*,
- 10 00000010 est l'*oID*.

Exemple ③ Cette notation CIDR définit donc un réseau dont la plage d'adresses débute à 192.120.8.0 et compte $2^{10}-2$ soit 1022 adresses (la plage se termine donc à l'adresse 195.120.11.254).

Ce réseau correspond donc à 4 réseaux de classe C consécutifs : les 4 entrées dans les tables de routage pourront être remplacées par une seule.

Dans certains cas, il peut être intéressant d'utiliser au sein d'un même réseau des masques différents, plus particulièrement pour partitionner une plage d'adresses en plusieurs sous-réseaux comptant des nombres de postes très différents. On parle alors de masque de sous-réseau de longueur variable ou VLSM (*Variable Lenght SubMask*). CIDR et VLSM sont deux dispositifs très liés, on note souvent « masque CIDR/VLSM ».

Plages d'adresses

CIDR	Masque équivalent	Étendue de la plage d'adresses	Nombre d'adresses
/1	10000000000000000000000000000000 128.0.0.0	128 réseaux de classe A	$2^{31}-2$ 2 147 483 646
/2	11000000000000000000000000000000 192.0.0.0	64 réseaux de classe A	$2^{30}-2$ 1 073 741 822
...	...	...	...
/8	11111111000000000000000000000000 255.0.0.0	1 réseau de classe A	$2^{24}-2$ 16 777 214
/9	11111111100000000000000000000000 255.128.0.0	128 réseaux de classe B	$2^{23}-2$ 8 388 606
..	...	...	...
/16	11111111111111110000000000000000 255.255.0.0	1 réseau de classe B	$2^{16}-2$ 65 535
/17	11111111111111111000000000000000 255.255.128.0	128 réseaux de classe C	$2^{15}-2$ 32 766
...	...	...	...
/24	11111111111111111111111100000000 255.255.255.0	1 réseau de classe C	$2^{8}-2$ 254
/25	11111111111111111111111110000000 255.255.255.128	128 adresses	$2^{7}-2$ 126
...	...	...	...
/31	11111111111111111111111111111110 255.255.255.254	2 adresses	$2^{1}-2$ 0
/32	11111111111111111111111111111111 255.255.255.255	0 adresse	0

fiche #29 Le routage IP : RIP

Principe

Le protocole IP dispose d'une méthode spécifique de routage : le protocole RIP (*Routing Information Protocol*).

RIP est basé sur l'algorithme de routage par saut successifs (*Next-Hop Routing*). Amélioration du routage à vecteur de distance, cette méthode spécifie qu'un routeur ne connaît pas le chemin que va emprunter un datagramme, mais seulement le routeur suivant à qui il va être transmis.

Le principe consiste à intégrer à chaque élément une table de routage élémentaire proposant pour chaque destinataire (quelque que soit sa nature : hôte, réseau, sous-réseau, adresse inconnue) le routeur suivant à qui doit être transmis le datagramme IP.

Table de routage RIP

La structure d'une table de routage RIP est simple, comptant 4 champs pour définir une route :

- La **destination** du datagramme est une adresse IP (d'un hôte, d'un réseau ou d'un routeur de sortie par défaut).
- Le **routeur de saut suivant** (passerelle) qui permettra au datagramme d'accéder à un autre réseau (cette adresse est le routeur lui-même si le destinataire est situé sur un réseau directement accessible via une de ses interfaces).
- L'adresse de l'**interface** du routeur à utiliser pour pouvoir accéder au routeur de saut suivant.
- La valeur du **vecteur de distance**, qui correspond au nombre de sauts à effectuer avant d'atteindre le réseau de la machine destinataire du datagramme.

Messages RIP

Les routeurs s'échangent les informations contenues dans leurs tables au moyen de messages particuliers appelés messages RIP : à intervalles de temps réguliers (généralement 30 secondes), chaque routeur émet un message RIP à destination de ses voisins directs.

Un message RIP contient la liste des réseaux connus et accessibles du routeur émetteur accompagnés des vecteurs de distance correspondants.

L'algorithme utilisé par RIP est relativement simple : il consiste à rechercher dans la table de routage la meilleure route se rapportant au destinataire voulu :

① Lorsque ce destinataire est connu du routeur, le datagramme lui est transmis directement.

② Si ce n'est pas le cas, il faut extraire l'adresse du réseau *rID* de l'adresse IP afin de consulter dans la 0table quel est le routeur de saut suivant à utiliser.

③ Si l'adresse est inconnue, le datagramme est transmis au routeur par défaut.

```
Adr = adresse de destination du datagramme

Début
rechercher l'entrée de la table de routage associée à rID(Adr)
Si trouvé
Alors
   Si VecteurDeDistance = 1
   Alors
      envoyer(Datagramme) à Adr
   Sinon
      envoyer(Datagramme) à Interface(rID(Adr))
Sinon
   rechercher dans la table de routage l'entrée Default
   Si trouvé
   Alors
      envoyer(Datagramme) à Interface(Default)
   Sinon
      retourner erreur réseau
Fin
```

Fig. 26. Algorithme RIP

fiche #30 Le protocole IPv6

Limites d'IPv4

La croissance d'Internet ces dernières années a dépassé toutes les prévisions qui ont pu être faites au moment où les spécifications techniques du protocole IP ont été définies.

① Un espace d'adressage trop limité par les adresses IP en 32 bits : plus d'adresses de classe A ou B, et très peu d'adresses de classe C restantes.

② Les tables de routage des routeurs de taille trop importante : une lecture plus longue et une baisse performances.

③ Une qualité du service peu satisfaisante : délais aléatoires, remise des datagrammes...

④ Un manque de sécurité

Apport d'IPv6

Les apports d'IPv6 sont nombreux. Nous listons ici les principaux :

① Des **adresses** sur 128 bits, soit quatre fois plus longues de celle d'IPv4. L'espace d'adressage disponible devient très élevé fiche #25.

② Un allègement des traitements des trames au niveau des routeurs : une amélioration significative des **performances**.

③ Une qualité de service accrue.

④ Une **sécurité** renforcée : gestion de l'authentification et du chiffrement des données par IPsec fiche #38.

⑤ Une **résolution** d'adresses simplifiée : IPv6 a remplacé les protocoles ARP et RARP par le protocole ND (*Neighbor Discovery*) basé sur la découverte systématique des voisins.

⑥ Une intégration des hôtes **mobiles** (ordinateurs portables, téléphones...) uniformisée (Mobile IP). On parle de transparence de la mobilité pour assurer la continuité du service, indépendamment de l'environnement géographique.

⑦ Une **autoconfiguration** des paramètres IPv6 possible : un certain nombre de protocoles (découverte des voisins, DHCPv6, évolution d'ICMP...) permettent ainsi de simplifier la procédure de paramétrage. Il suffit de connecter l'élément pour qu'il acquière une adresse et une route par défaut.

fiche #31 L'adressage IPv6

Adresses IPv6

IPv6 utilise des adresses codées sur 128 bits, soit quatre fois plus longues de celle d'IPv4.

Les adresses IPv6 prennent la forme de 8 groupes de 16 bits en hexadécimal séparés par le signe « : ».

Une notation abrégée est possible :

- Lorsqu'un groupe commence par un ou des 0, il est possible de ne pas les indiquer.

Exemple ①	l'adresse a07c:cab4:0d4c:43cc:000c:cf32:1c1c:1357 peut être notée en abrégé : a07c:cab4:d4c:43cc:c:cf32:1c1c:1357

- Lorsque l'adresse présente plusieurs groupes entièrement à 0, il est possible de les remplacer par le signe « :: ». Cette abréviation ne peut cependant apparaître qu'une seule fois dans une adresse.

Exemple ②	l'adresse ce16:0d4c:0000:0000:0000:cf32:1c1c:1357 peut être notée en abrégé : ce16:d4c::cf32:1c1c:1357

Adresse unicast, multicast et anycast

Une adresse unicast est attribuée à un hôte. Elle est composée d'une partie réseau appelée préfixe et d'une partie hôte appelée suffixe. Le suffixe est généré à partir de l'adresse MAC de la machine, ce qui garantit l'unicité de l'adresse.

3 bits	45 bits	16 bits	64 bits
001	Topologie publique, allouée par le FAI	Topologie de site	Identifiant d'interface
Préfixe 64 bits			Suffixe 64 bits

Fig. 27. Format d'une adresse unicast

Exemple	Adresse unicast 2ac2:c1c1:b0a1:4321:1234::ace1 Préfixe Topologie publique : 2ac2:1c1c:b0a1: Topologie de site : 4321	Suffixe 1234::ace1

Une adresse multicast et anycast

Une adresse multicast est attribuée à un groupe d'hôtes, elle est utilisée pour émettre en diffusion à destination de tous les hôtes du groupe.

Une adresse anycast est aussi attribuée à un groupe d'hôtes. Elle permet d'adresser un datagramme au plus proche hôte du groupe. Les adresses de cette nature sont utilisées pour mettre en place de la haute disponibilité, de la répartition de charge ou pour les serveurs DNS.

Portée de l'adresse

Il est possible en IPv6 d'attribuer plusieurs adresses à un même hôte. Selon le besoin, les applications utilisent l'adresse adaptée. Les portées sont spécifiées dans la RFC 3513.

Préfixe	**Portée**	**Utilisation**
::1/128	Nœud-local	Rebouclage
fe80::/10	Lien-local	Réseau local sans routeur intermédiaire, obtenues par autoconfiguration, similaire aux adresses privées IPv4
fec0::/10	Site-local	Site local de la société
2000::/3	Globale	Internet
ff00::/8	Multicast	Multidiffusion

Fig. 28. Portée d'une adresse

La principale utilisation de la portée est d'attribuer à chaque hôte d'un réseau 2 adresses :

- Une adresse de portée lien local sur le réseau, correspondant à une adresse privée, obtenus par autoconfiguration,
- Une adresse globale de portée site-local ou globale pour adresser l'hôte sur Internet.

fiche #32 Les VLAN

Concept

Un VLAN permet de regrouper virtuellement des machines en fonction de critères définis, indépendamment de leur emplacement physique dans l'architecture du réseau (sur des commutateurs différents) : une machine identifiée sur un VLAN ne peut recevoir des données que des autres machines de ce VLAN.

Cette segmentation logique des postes au sein du réseau physique permet donc :

- une **limitation** des domaines de diffusion, et donc améliorer les performances globales du réseau,
- une améliorer la **sécurité** en n'autorisant les communications qu'entre les machines d'un même VLAN,
- une **simplification** des tâches d'administration : le déplacement d'un hôte d'un VLAN à un autre nécessite peu ou pas de manipulations physiques, ou est géré au niveau du commutateur (par sa console ou via le protocole SNMP pour les commutateurs administrables).

En Schéma : Exemple : VLAN par port

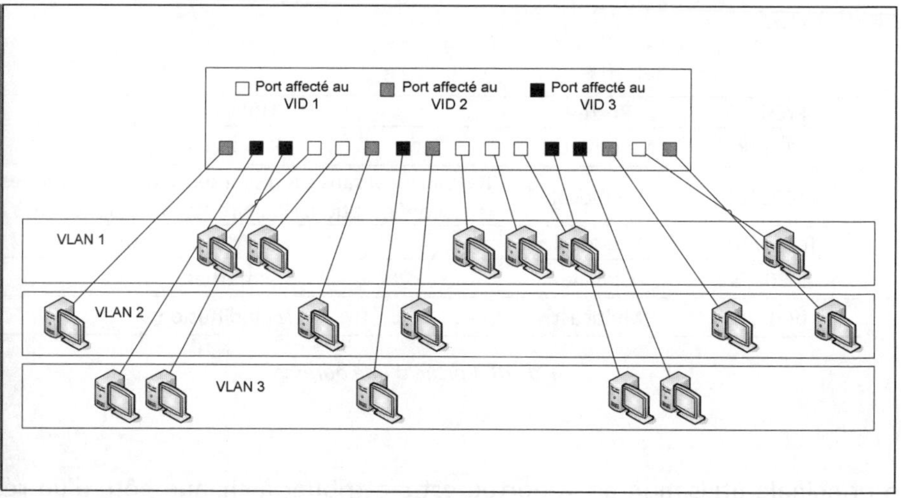

Les spécifications relatives aux VLAN sont précisées dans la norme IEEE 802.1q.

Techniquement, la mise en place de VLAN peut être de 3 natures : au niveau des ports physiques du commutateur, des adresses MAC des machines ou de leurs adresses IP.

VLAN par port / de niveau 1

Chacun des ports physiques de chaque commutateur est affecté à un VLAN, directement dans le système du commutateur.

Avantages	Inconvénients
• Simplicité de mise en place • Lisibilité	• Manque de flexibilité pour changer un hôte de VLAN (modifier configuration commutateur ou câblage)

VLAN par adresse MAC / de niveau 2

Chaque adresse MAC est affectée à un VLAN. Une base de données intégrée à chaque commutateur permet d'associer chaque adresse MAC à un VLAN.

Avantages	Inconvénients
• Simplicité d'administration • Mise en place uniquement logicielle	• Mise en place relativement lourde • Manque de flexibilité pour changer un hôte de VLAN (modifier configuration de tous les commutateurs)

VLAN par adresse IP / de niveau 3

Ici, c'est chaque adresse IP qui est affectée à un VLAN dans la base de données de chaque commutateur.

Avantages	Inconvénients
• Simplicité d'administration • Mise en place uniquement logicielle • Flexibilité pour changer un hôte de VLAN : aucune modification de paramétrage	• Mise en place relativement lourde • Baisse des performances (extraire les adresses IP de destination de chaque trame)

VLAN par protocole

Il s'agit ici de regrouper les machines par le protocole de communication qu'elles utilisent pour communiquer entre elles. On pourra par exemple scinder en deux parties le réseau d'une entreprise en créant un VLAN réservé aux machines utilisant le protocole IP et un autre VLAN pour celles utilisant le protocole AppleTalk, ou pour créer un VLAN basé sur le protocole de VoIP SIP.

fiche #33 Le marquage/tag

Trunk / port taggé

Lorsque le réseau physique compte plusieurs commutateurs ou routeurs, il est nécessaire que les lignes physiques qui les relient entre eux laissent passer toutes les trames, indépendamment des VLAN dont elles proviennent.

La liaison entre deux commutateurs va utiliser un port spécifiquement paramétré sur chaque commutateur : le port Trunk (ou port taggé).

C'est ensuite au niveau de chaque commutateur que ces trames seront traitées.

Tag / marquage

S'il est logique que toutes les trames puissent traverser le lien Trunk, il est aussi nécessaire de pouvoir « mémoriser » à quel VLAN chacune d'elles appartient, pour pouvoir les distribuer correctement au niveau du second commutateur.

Cette identification des trames qui traversent le lien Trunk est réalisée par le marquage de chaque trame : on parle alors de trame marquée, étiquetée ou taggée.

Marquage explicite / implicite

- Pour les VLAN par port :

  Le VLAN auquel est destiné une trame est connu par le port d'origine, mais il doit être inscrit dans la trame elle-même pour pouvoir être orientée à son arrivée au commutateur de destination.

  Avant la transmission au port Trunk, il est donc obligatoire d'ajouter à la trame une information identifiant son VLAN : c'est le marquage de la trame.

  Ce marquage est dit explicite car la trame intègre de manière concrète le numéro du VLAN dont provient la trame.

- Pour les VLAN par adresse MAC :

  Il serait fastidieux, voire très lourd, de transmettre les tables liant les adresses MAC aux VLAN à tous les commutateurs du réseau : là encore, le marquage explicite de chaque trame est nécessaire avant la traversée d'un port Trunk.

- Pour les VLAN de niveau 3 :

  Le VLAN étant défini par l'adresse IP ou le protocole, le marquage peut être implicite : il est possible d'identifier le VLAN en analysant la trame, sans avoir besoin d'ajouter un marquage pour traverser les liens Trunk.

  C'est l'inconvénient principal de cette catégorie de VLAN : ce traitement systématique des trames engendre une perte de temps lors des transmissions.

Le marquage inséré dans la trame les trames de la famille Ethernet est composé de plusieurs champs, détaillons les principaux :

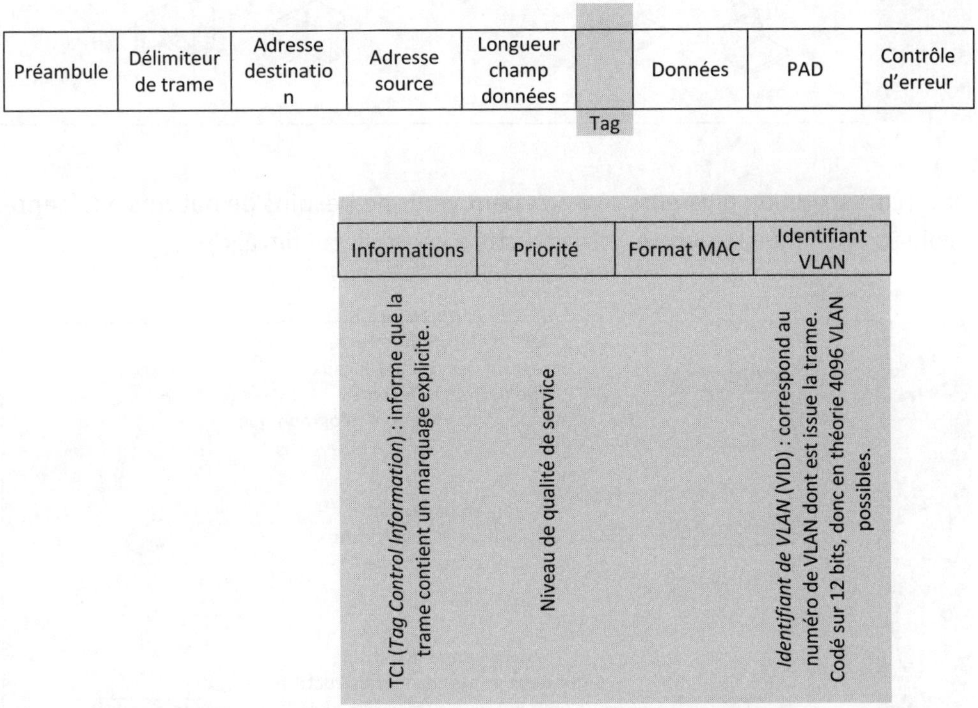

Fig. 29. Marquage explicite : format d'une trame taggée

fiche #34 Le pare-feu

Pont

Un pont est un élément d'électronique active permettant d'interconnecter des réseaux locaux dont la couche physique et la sous-couche MAC diffèrent (normes différentes).

Son rôle est de convertir une trame arrivant d'un réseau à un format interprétable par un autre réseau.

En Schéma : Notion de pont

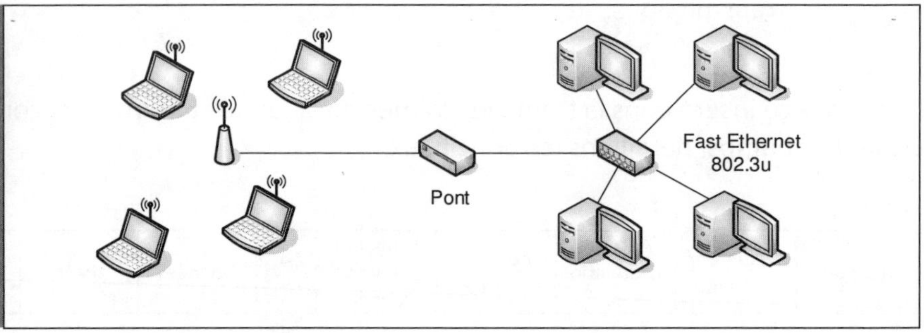

L'interconnexion de plusieurs réseaux peut venir de besoins de natures différentes (évolution de l'infrastructure, infrastructure centralisée, filtrage).

En Schéma : Le pont dans une infrastructure

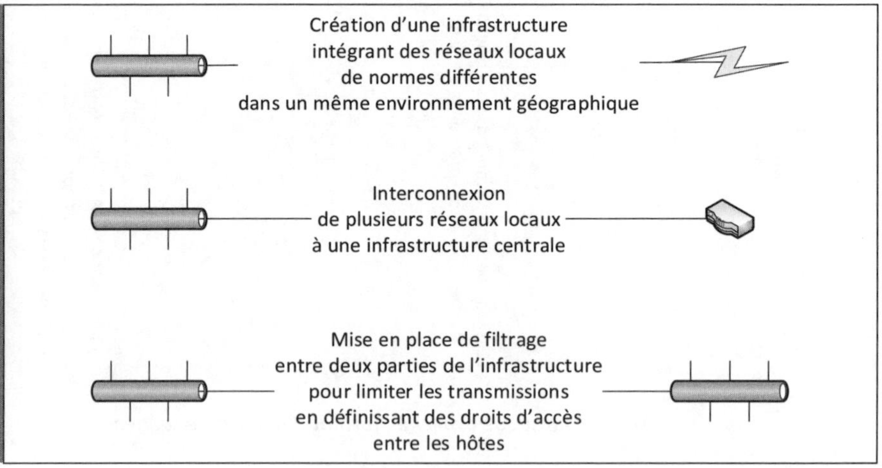

Pare-feu

Un pare-feu (*Firewall*) ou garde-barrière est un pont particulier permettant de mettre en place de la sécurité entre deux réseaux (de normes identiques ou non). Il peut également être utilisé pour gérer les transferts de données entre des sous-réseaux logiques.

En Schéma : Structure du part-feu

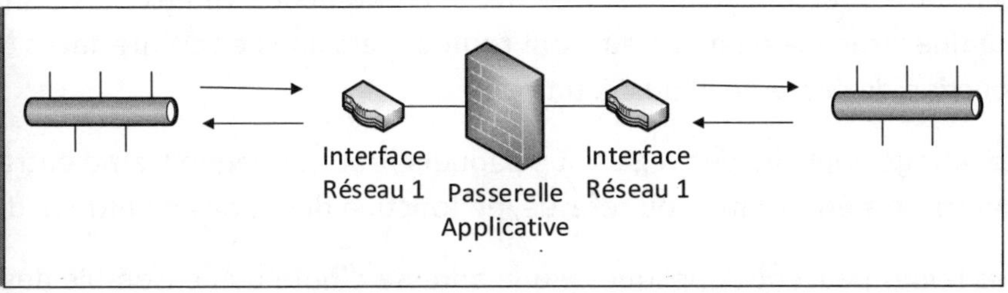

Selon les objectifs souhaités, le filtrage appliqué au niveau de la passerelle applicative portera sur :

- l'adressage des hôtes,
- les protocoles de niveau application,
- le contenu des données.

fiche #35 Le filtrage

Principe

Nous avons noté que le routage fiche #22 est un mécanisme de niveau réseau, qui permet d'interconnecter des réseaux IP différents entre eux : les trames arrivant sur une interface d'un routeur sont routées vers une de ses interfaces de sortie, en fonction de l'adresse IP du destinataire.

Le filtrage applique des règles aux paquets routés. Chaque trame entrante va être autorisée à être routée, ou refusée, en fonction des règles de filtrage définies.

Les règles peuvent s'appliquer à une adresse d'hôte ou l'ensemble des hôtes d'un réseau IP source, à un port source, à une adresse d'hôte de destination ou un réseau IP de destination, à un port de destination ou à un protocole.

La suite des règles à appliquer constitue une chaine de règles : une ACL (*Access Control List*). Les règles sont testées dans l'ordre de la chaine jusqu'à ce que l'une d'elles corresponde à la trame, ou que l'on atteigne la règle par défaut.

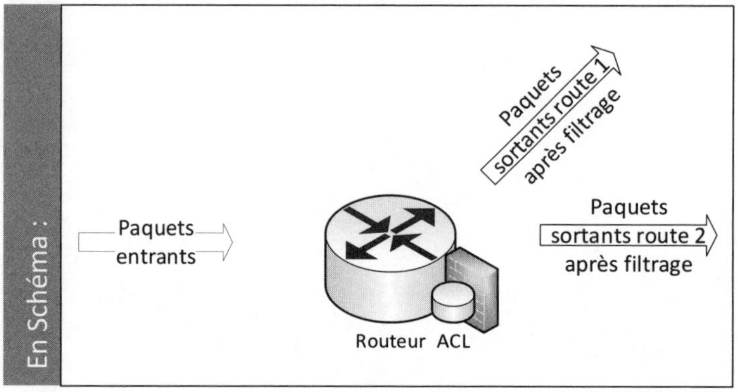

Le filtrage peut être de deux natures, selon qu'il porte sur l'origine ou la destination du paquet (filtrage simple de paquet) ou sur le contenu du paquet (filtrage de protocole ou filtrage applicatif).

Filtrage simple de paquet

Le filtrage simple de paquets, ou filtrage de port, s'applique au niveau 5 du modèle OSI : une session, ou connexion est définie par l'identifiant de l'hôte source (adresse IP/protocole/port) associé à celui de l'hôte de destination (adresse IP/protocole/port). Le filtrage applique des règles aux paquets routés. Chaque trame entrante va être autorisée à être routée, ou refusée, en fonction des règles de filtrage définies. Pour le filtrage de port, les règles s'appliquent à un port source et/ou de destination d'un hôte ou réseau : les données du protocole ne sont pas extraites, ce sont toutes les trames correspondantes au port choisi qui sont autorisées ou refusés.

Exemple ①	Lors d'une communication de VoIP : si le port correspondant au protocole SIP est autorisé, tous les appels à un compte SIP seront transmis, sans condition sur ce compte SIP.

Filtrage de protocole, filtrage applicatif

Le filtrage de protocole, ou filtrage applicatif, est effectué au niveau 7 (application). Il extrait les informations relatives au protocole et applique sur celles-ci une chaine de règles, comme pour le filtrage par port mais appliquant ici des conditions sur ces informations.

Exemple ②	Si l'on reprend l'exemple de la communication SIP, le filtrage de protocole pourra appliquer des règles sur les caractéristiques de communication SIP, et choisir ainsi d'autoriser ou non l'appel à chaque compte SIP.

Ce mode de filtrage est relativement complexe à mettre en place car les protocoles sont très nombreux et les informations correspondantes très hétérogènes. Il nécessite une très bonne connaissance des protocoles.

Par ailleurs, l'analyse du paquet est nécessaire pour en extraire les informations concernées par le filtrage : les performances sont diminuées.

fiche #36 Le service DHCP

Principe

Pour affecter l'adresse IP de chaque hôte du réseau, deux solutions sont possibles :

- configurer chaque hôte en lui spécifiant au minimum son adresse IP accompagnée de son masque de sous-réseau et de la passerelle à utiliser,
- inscrire les hôtes auprès d'un serveur DHCP (*Dynamic Host Configuration Protocol*) pour qu'à chaque démarrage ils reçoivent ces informations du serveur.

Configuration du service

L'administrateur du réseau doit uniquement configurer uniquement le serveur DHCP pour que celui-ci distribue les paramètres souhaités :

- plage d'adresses à affecter, accompagnée de la liste des adresses à exclure, réservées pour l'adressage fixe des serveurs et autres éléments d'infrastructure,
- masque de sous-réseau,
- passerelle par défaut,
- durée du bail.

Lors de l'attribution d'une adresse à un hôte, le serveur initialise la durée du bail correspondant. Pour tous les redémarrages de l'hôte pendant la durée du bail défini, la même adresse lui sera affectée.

Requête DHCP

Le schéma suivant synthétise les échanges effectués entre un hôte à son démarrage et le serveur DHCP.

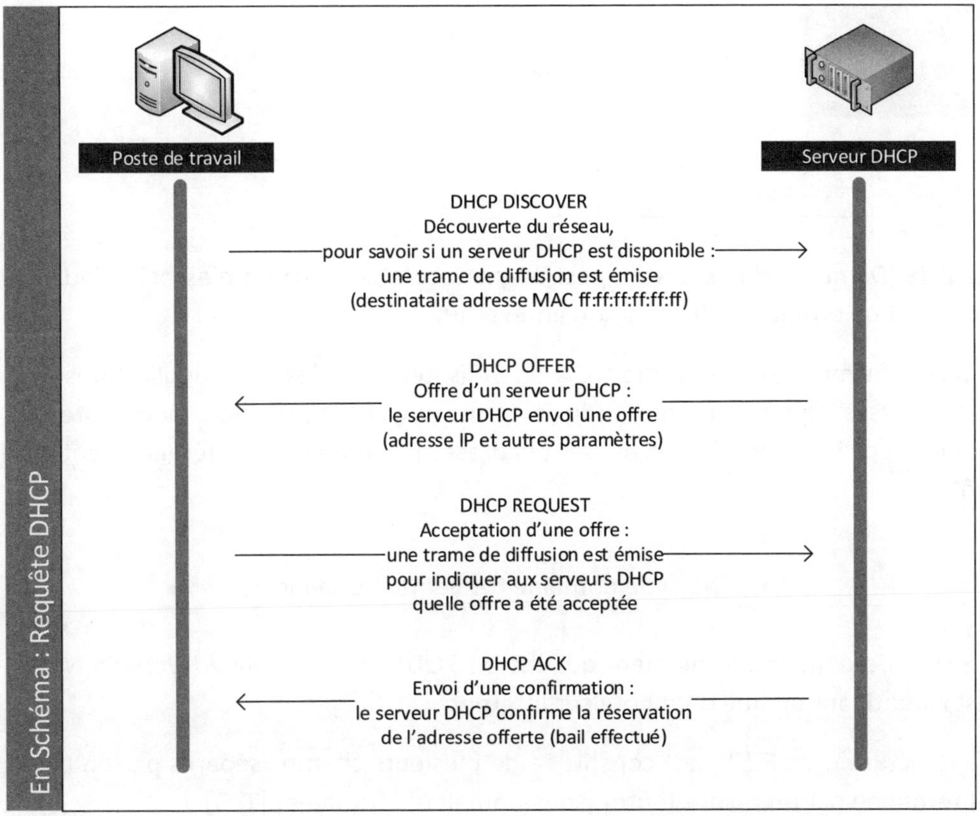

En Schéma : Requête DHCP

fiche #37 Le service DNS

Principe

Le DNS (*Domaine Name System*) est un protocole permettant d'associer l'adresse réseau d'un ordinateur (URL) à son adresse IP.

L'objectif simple est de permettre à un utilisateur d'utiliser des applications avec les adresses alphanumériques (de la forme www.nom.fr) alors que toutes les communications sur Internet utilisent l'adresse IP comme seul référencement d'un hôte.

Nom de domaine totalement qualifié

Le nom de domaine totalement qualifié ou FQDN (*Fully Qualified Domain Name*) est l'identifiant unique d'un hôte sur Internet.

La structure d'un FQDN est constituée de plusieurs champs séparés par un point, et terminée par un point : [hôte].[sous-domaine].[domaine].[TLD].

Les composants de cette adresse sont :

- L'hôte : le nom du serveur dans le domaine.
- L'arborescence d'organisation du domaine, définie par le domaine et le(s) sous-domaine(s).
- Le code TLD (*Top-Level Domain*) fiche #42 : le domaine de haut niveau.

Le FQDN peut compter au maximum 255 caractères et 127 niveaux d'arborescence. Par abus de langage, on appelle souvent « nom de domaine » le FQDN.

Résolution de nom

On appelle résolution la procédure qui permet d'obtenir l'adresse IP correspondant à un FQDN.

Un serveur DNS primaire est défini pour chaque domaine. Il fait autorité sur son domaine : il reçoit les requêtes de résolution d'adresses issues des clients du domaine.

Pour chaque requête le serveur DNS primaire consulte sa base de données :

① L'hôte est présent dans la base de données : le serveur fournit l'adresse IP correspondante au client.

② L'hôte n'est pas présent : la requête est transmise à d'autres serveurs de noms selon un procédé récursif, jusqu'à obtention d'adresse IP correspondante.

Il est possible, lors de son installation, d'associer un serveur DNS secondaire à un serveur primaire – son serveur maître – qui a autorité sur la zone. La base de données d'un serveur secondaire est une copie mise à jour régulièrement de celle du serveur primaire associé.

Le serveur secondaire reçoit les requêtes DNS lorsque le serveur primaire ne peut pas jouer son rôle, il fait aussi autorité sur la zone, mais sa base de données ne peut pas être modifiée.

L'exemple suivant liste les étapes effectuées lors de l'émission d'une requête DNS par un client.

Exemple

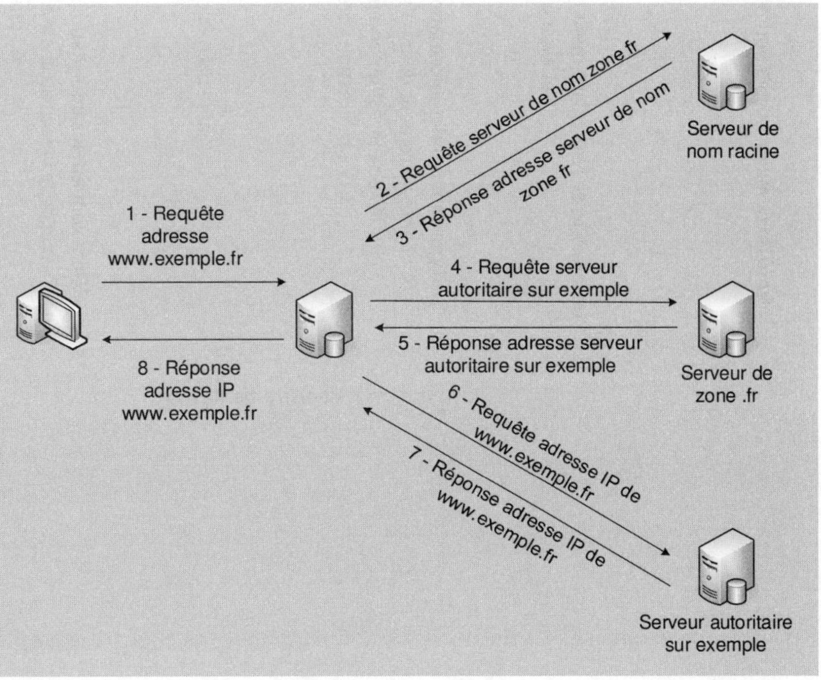

Structures des tables

Chaque ligne de la base de données du serveur – une résolution FQDN/adresse IP – a la forme suivante :

FQDN	TTL	Type	Classe	RData
Nom de domaine absolu pour lequel des informations sont connues	Durée de vie de l'enregistrement : utilisé pour actualiser les informations et avoir une base à jour. (*Time To Live*)	Le Type contient des informations sur la nature de l'enregistrement. A : l'enregistrement donne l'adresse IP correspondant au FQDN NS : le serveur est le serveur faisant autorité sur le domaine PTR : redirection vers un autre serveur de nom	La classe prend pour Internet la valeur IN	RData contient les informations correspondant à l'enregistrement. En fonction de la valeur du champ Type, ces données pourront donc être : A : une adresse IP NS : un hôte PTR : un domaine

Fig. 30. Format d'un enregistrement DNS

fiche #38 Les protocoles IPsec

Concept

IPsec est un ensemble de protocoles destiné à mettre en place une communication sécurisée sur un réseau IP.

La sécurité n'est donc plus seulement assurée au niveau application, mais intégrée au niveau réseau.

IPsec a 3 rôles principaux :

- L'authentification
- L'intégrité
- Le chiffrement

La connexion sécurisée entre deux entités IPsec porte le nom de tunnel sécurisé.

Authentification

Le préalable à toute communication sécurisée est l'authentification mutuelle par les extrémités de cette communication.

Celles-ci vont ensuite définir les paramètres de la sécurité à appliquer (algorithme de chiffrement, clé de chiffrement, méthode d'encapsulation, durée de vie...).

Lorsque ces paramètres ont été définis, IPsec met en place des Associations de Sécurité (AS). Chaque paire d'hôte (ou routeur) est alors sûr que ses échanges vont être sécurisés conformément aux critères définis.

Le protocole IKE (*Internet Key Exchange*) est en charge de l'authentification des extrémités de la connexion, pour mettre en place les associations de sécurité. IKE propose deux méthodes d'authentification :

- Un **mot de passe** commun est choisi par les extrémités. C'est la méthode la plus simple à mettre en œuvre, mais un changement de mot de passe nécessite une mise à jour manuelle de la configuration de chaque hôte.

- Un **certificat** est fourni par une autorité de certification indépendante. Le certificat peut être fourni automatiquement, simplifiant la reconfiguration. Le niveau de sécurité de cette méthode est aussi accru, ne nécessitant pas une action de l'utilisateur.

Intégrité

Le protocole AH (*Authentication Header*) permet de gérer l'intégrité des données transmises : au niveau de chaque trame, une signature est ajoutée.

Le récepteur a la garantie que les données n'ont subi aucune altération entre leur émission et leur réception.

Chiffrement

Le protocole ESP (*Encapsulating Security Payload*) gère la confidentialité sur les données transmises : les données sont chiffrées avant leur envoi.

Le récepteur a la garantie que les données n'ont pas été consultées entre leur émission et leur réception.

fiche #39 Les protocoles TCP et UDP

Qualité de service

Les protocoles TCP (*Transmission Control Protocol*) et UDP (*User Data Protocol*) sont des protocoles de niveau transport de la pile TCP/IP fiche #23.TCP et UDP sont associés à IP pour améliorer la qualité de service.

TCP

TCP améliore la qualité de service d'IP en mettant en place une transmission fiable orienté connexion.

TCP agit au niveau de chaque action de la couche transport :

- **Ouverture et fermeture** de la connexion de niveau transport,
- **Découpage des données** reçues des couches supérieures en entités appropriées à la constitution de datagrammes IP (au maximum 65536 octets) et réassemblage à l'arrivée si nécessaire,
- **Contrôle de la qualité du service** pour conserver un service fiable en mode connecté,
- **Gestion des problèmes de transmission** et reprise en cas d'interruption.

Remarque : C'est au niveau de la trame TCP qu'est émis la notion de port émetteur et de destination : le port indique quel est le processus qui a généré l'envoi de la trame. À la réception, c'est un processus de même nature qui doit traiter la trame. Le port est une valeur numérique. Le port est aussi utilisé lors du filtrage fiche #35.

UDP

De même que TCP, UDP est associé à IP pour améliorer la qualité de service, mais ici en mode non connecté.

Le caractère principal d'UDP est d'être basé un format de trames très simple, allégeant ainsi tous les traitements pour des performances améliorées.

fiche #40 Le protocole ICMP

Principe

Dans une communication basée sur le protocole IP, aucune garantie ne peut être obtenue quant au bon déroulement de la livraison des données envoyées.

ICMP (*Internet Control Message Protocol*) est un protocole de notification d'erreur et d'administration du réseau, permettant d'informer l'expéditeur en cas de problème de remise de données et de gérer les messages d'administration.

ICMP fait partie de la pile TCP/IP fiche #23. Il est intégré actuellement par défaut à tous les systèmes d'exploitation. Les implémentations des commandes associées sont devenues des commandes systèmes à part entière.

Notification d'erreur

Le protocole ICMP est indispensable au bon fonctionnement des couches réseau et transport du modèle TCP/IP : il informe des cas d'erreurs survenant sur IP, TCP et UDP :

- **destination ou port** inaccessible,
- **corruption** de messages.

Administration du réseau :

ICMP est aussi un protocole d'administration du réseau :

- échange d'information concernant le **routage**,
- annonce et gestion des **masques d'adresses**,
- vérification de l'**accessibilité** (commandes *traceroute, ping…*),
- gestion de l'**heure**.

Ping

Ping est une application très répandue (présente dans tous les systèmes d'exploitation) basée sur ICMP, qui permet de tester la présence d'un hôte distant et d'obtenir des informations sur la transmission (débit, taux d'erreurs…).

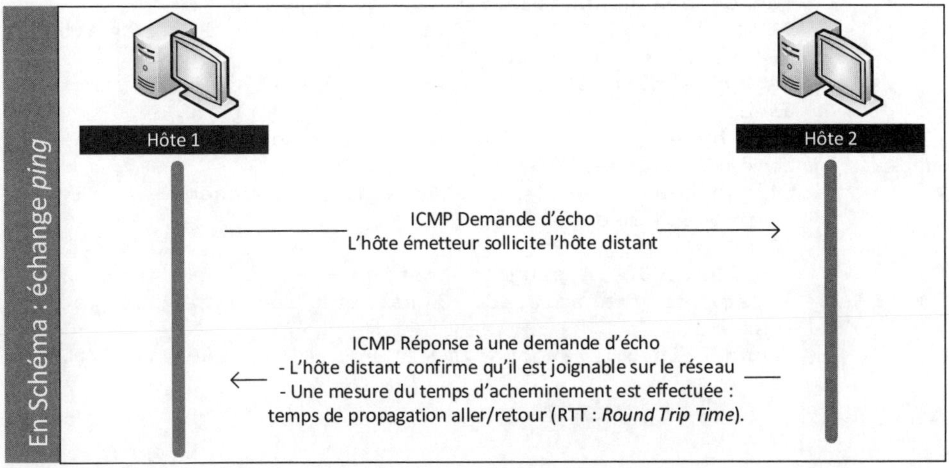

8 bits	8 bits	16 bits	16 bits	16 bits	32 bits
Type ICMP	Code	Contrôle d'erreur	Identificateur	Numéro de séquence	Données optionnelles

Identification de la nature du paquet et du message contenu

Somme de contrôle assurant l'intégrité du message

Les champs *Identificateur* et *Numéro de séquence* permettent à l'expéditeur de maintenir un contexte, et d'associer les réponses avec les demandes

Les *Données optionnelles* permettent de faire varier la taille des messages ICMP selon la nature du message d'erreur. Ces données doivent être retournées sans modification à l'expéditeur

Fig. 31. Format d'un message écho

L'exemple suivant donne le résultat d'une requête *ping* de l'hôte 192.168.4.5 vers l'hôte 192.168.4.4 : numéro des séquences émises avec pour chacune son temps d'aller/retour des paquets ICMP (*RTT* : *Round Trip Time*), statistiques sur les taux d'erreur.

Exemple

Utilisation de la commande ping :

```
[demo@localhost demo]$ ping 192.168.4.4
PING 192.168.4.4 (192.168.4.4) from 192.168.4.5 : 56(84) bytes of data.
64 bytes from 192.168.4.4: icmp_seq=0 ttl=128 time=410 usec
64 bytes from 192.168.4.4: icmp_seq=1 ttl=128 time=1.443 msec
64 bytes from 192.168.4.4: icmp_seq=2 ttl=128 time=1.414 msec
^C
--- 192.168.4.4 ping statistics ---
3 packets transmitted, 3 packets received, 0% packet loss
round-trip min/avg/max/mdev = 0.410/1.089/1.443/0.480 ms
```

Un échange ping permet de vérifier le bon fonctionnement de l'ensemble des systèmes de communications intervenant entre les deux extrémités :

- La pile TCP/IP de l'émetteur est en état d'émettre et de recevoir des datagrammes IP.
- Le routage est fonctionnel dans le réseau.
- La pile TCP/IP du destinataire est en état de recevoir et d'émettre des datagrammes IP.

Ping est définitivement un outil indispensable quand il s'agit de diagnostiquer et résoudre des problèmes réseaux.

fiche #41 Le protocole SNMP

Concept

Avec la complexification des infrastructures et l'augmentation de leur étendue géographique, il est devenu nécessaire de disposer d'outils d'administration centralisée et distante.

Le protocole SNMP (*Simple Network Management Protocol*) a été conçu pour proposer ces outils.

Principe

SNMP repose sur une structure simple constituée de deux éléments :

- Les éléments administrés sont les matériels dans lesquels est implémenté le protocole SNMP, et qui vont donc pouvoir être administrés à distance (périphériques, commutateurs, routeurs...).

  Les caractéristiques et paramètres relatifs à un équipement sont regroupés dans une base de données : la MIB (*Management Information Base*). La complexité de la MIB réside dans le fait que les caractéristiques et les fonctions disponibles diffèrent selon la nature de l'élément administré (nombre, nature, objectifs... des paramètres).

  Les éléments administrés contiennent une entité logicielle, l'agent SNMP, qui va exécuter les ordres reçus et gérer la MIB.

  Pour que l'administration SNMP soit possible quel que soit le constructeur du matériel, cette base de données est décrite dans un langage spécifique qui permet de définir les propriétés et les fonctions de manière universelle : le langage ASN-1 (*Abstract Syntax Notation 1*).

- Le client SNMP gère les ordres émis aux agents SNMP distants. Il va être intégré aux postes de travail d'administration de l'infrastructure.

Ordre SNMP

La complexité d'exécution des ordres découle de la complexité et de l'hétérogénéité de la MIB en termes de base de données répartie.

Demande			Réponse	Alarme
`GetRequest`	`GetNextRequest`	`SetRequest`	`GetResponse`	`Trap`
Lecture d'une propriété de la MIB	Lecture de la propriété suivante	Mise à jour d'une propriété de la MIB	Réponse de l'agent à une demande	Envoi d'une alarme liée à un événement détecté par l'agent

Fig. 32. Principaux ordres SNMP

Pour compléter le langage ASN-1, SNMP a défini un format spécifique pour ses messages entre les clients et les agents. La caractéristique principale de ce format est sa forte souplesse qui permet d'adapter le message à tous les échanges nécessaires (et donc de pouvoir administrer tous les matériels, quelle que soit leur nature et la complexité de leur MIB).

1 octet	1 à 127 octets	N octets
Type de message	Longueur	Données
Le *Type de message* donne des informations sur sa nature (demande, réponse, alarme)	Le champ *Longueur* indique le nombre d'octets d'information d'administration	Les *Données* sont constituées des propriétés extraites de la MIB d'un matériel administré.

Fig. 33. Message SNMP

fiche #42 Les protocoles SMTP, POP3 et IMAP

Courrier électronique

Le courrier électronique est l'une des applications les plus répandues sur les réseaux locaux et Internet.

Les protocoles qui ont été conçus pour son fonctionnement sont complexes par leur capacité de gestion d'un flux très important de messages (nombre et taille).

Le courrier électronique est basé sur une transmission des messages en mode non connecté.

Adresses électroniques/Adresses mail

Une adresse électronique est attribuée à chaque utilisateur, de la forme (normalisée) : [*nom*]@[*machine*].[*site*].[*tld*]. Cette forme a évolué et la forme la plus rencontrée est : [*nom*]@[*FAI*].[*pays*].

Les composants de ces adresses sont :

- Le nom d'utilisateur, correspondant au compte de messagerie créé sur le serveur.
- La machine : serveur de messagerie.
- Le site (facultatif), qui permet de constituer une arborescence.
- Le tld (code TLD), correspondant très souvent au pays.
- Le Fournisseur d'Accès Internet, qui héberge le serveur de messagerie.

TLD

Le code TLD (*Top-Level Domain*) correspond au domaine de haut niveau. Identifié par deux lettres, normalisées par l'ISO, le TLD peut être de deux formes :

- Un code Pays ou ccTLD (*Country Code TLD*),
- Un gTLD (*Generic TLD*) : l'évolution actuelle tend à faire disparaître les TLD au profit de codes indépendants d'une notion géographique : .org, .net, .biz... On nomme ces codes gTLD.

	Codes TLD de quelques pays							
Exemples	Brésil	.br	Egypte	.eg	Haïti	.ht	Portugal	.pt
	Costa Rica	.cr	Espagne	.es	Ile Maurice	.mu	Royaume Uni	.uk
	Croatie	.hr	France	.fr	Pologne	.pl	Suisse	.ch

SMTP

Le protocole SMTP (*Simple Mail Transfer Protocol*) est en charge de l'envoi des messages électroniques, à destination du serveur de messagerie.

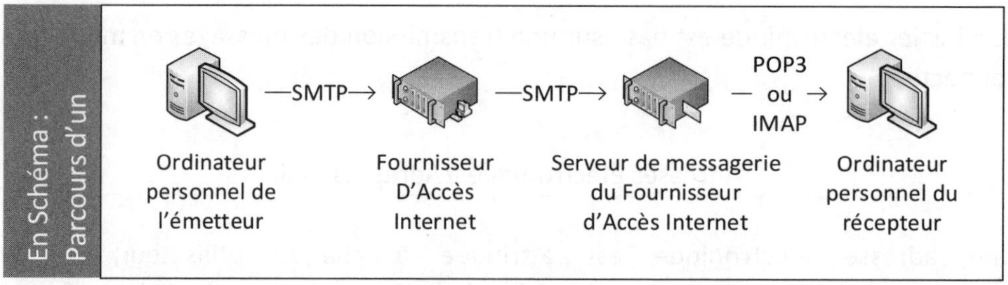

Le schéma suivant liste les échanges qui sont effectués pour envoyer un message dans la boîte aux lettres d'un utilisateur.

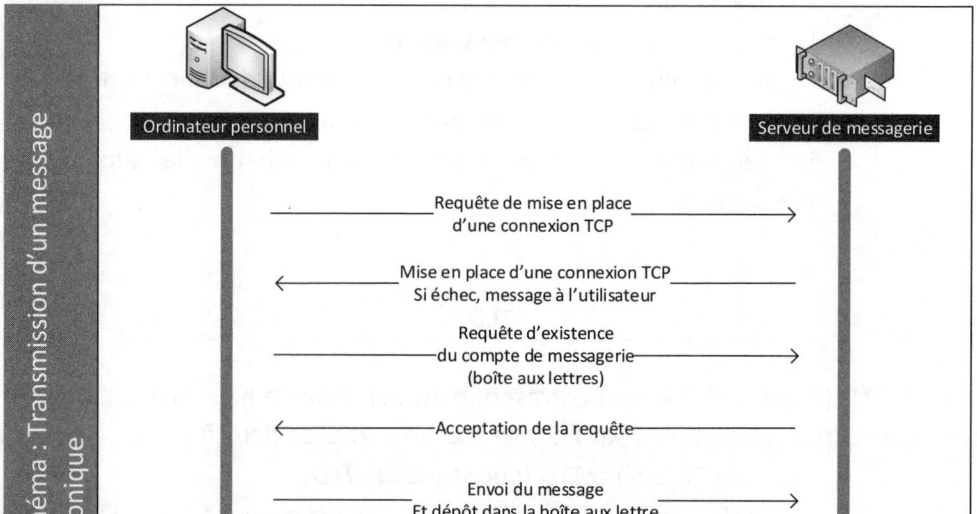

POP3/IMAP

Le protocole **POP3** (*Post Office Protocol*) est utilisé pour relever le courrier électronique qui a été déposé dans la boîte aux lettres d'un utilisateur.

Le paramétrage est effectué au niveau de l'application de gestion des courriers de l'ordinateur client : adresse du serveur, compte de messagerie, mot de passe, fréquence de relève du courrier…).

Pour POP3, la notion de relève du courrier signifie copie les courriers du serveur dans l'application du client, aucune manipulation n'est effectuée sur le serveur, tout est réalisé depuis le client. La seule possibilité offerte est de supprimer ou non les courriers du serveur lorsqu'ils ont été relevés.

Une amélioration de sécurité a été proposée avec la version POP3S (*POP3 over SSL*) : l'utilisation de SSL fiche #47 pour sécuriser la communication client/serveur.

L'objectif du protocole **IMAP** (*Internet Message Access Protocol*) est similaire à celui de POP3, mais avec une différence fondamentale de fonctionnement : les courriers ne sont pas obligatoirement téléchargés sur le poste client, mais peuvent être traités à distance.

Lorsque l'ordinateur client se connecte au réseau ou à Internet, son application de messagerie synchronise automatiquement son courrier avec la boîte aux lettres du serveur : si des arrivées/modifications/suppressions de courriers ont été effectuées sur l'un des deux côtés, elles sont automatiquement répercutées de l'autre.

Pour optimiser les performances, IMAP ne copie sur l'ordinateur client que les entêtes des courriers, le contenu n'est téléchargé que si l'application en a le besoin pour effectuer une tâche.

Les versions actuelles sont IMAP4 et IMAPS (*IMAP over SSL*) pour la version sécurisée.

Les avantages sont multiples :

① La gestion du courrier n'est pas uniquement effectuée sur un ordinateur client, il est aisé de gérer ses courriers depuis n'importe quel poste de travail.

② La synchronisation est automatique : aucun problème de version du courrier.

③ Les sauvegardes sont effectuées au niveau du serveur, si un incident survient sur l'ordinateur client, ou lors d'un changement de client ou d'application, la boîte automatiquement mise à jour sans perte de courrier.

fiche #43 Le protocole HTTP

Principe

HTTP est le protocole de base du Web : il est en charge des requêtes d'affichage des pages Web.

HTTP utilise une connexion TCP (port 80) pour faire transiter les pages Web entre le client (navigateur) et le serveur (hébergeant les pages du site Web et proposant différentes technologies, langages bases de données…).

HTTP peut être associé au protocole de sécurisation SSL fiche #47 pour donner la version HTTPS (fonctionnant sur le port 443).

Affichage d'une page Web

Le schéma suivant synthétise les phases réalisées par HTTP lorsqu'un utilisateur souhaite faire afficher une page Web sur son poste client.

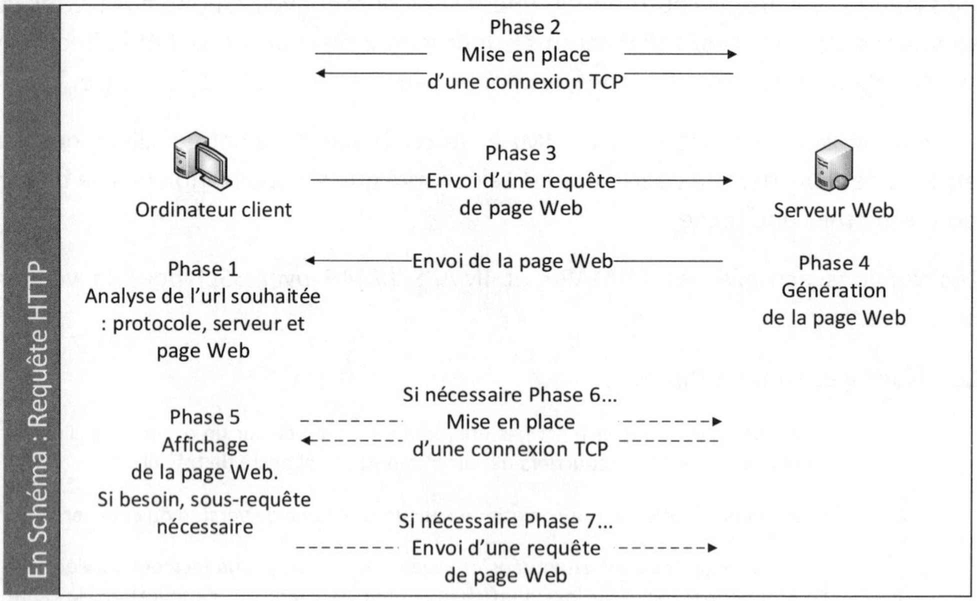

fiche #44 La VoIP et la ToIP

Synthèse

On assimile souvent ToIP (*Telephony over IP*) à VoIP (*Voice over IP*) mais ces deux termes correspondent à des concepts différents.

La VoIP est la technologie qui permet de transmettre de la voix sur un réseau local ou distant. On peut la rapprocher dans son fonctionnement à l'acheminement d'une conversation par le réseau RTC classique : elle fournit aussi le service de transfert de la voix, mais via un réseau basé sur le protocole IP.

Le concept de ToIP propose de mettre en place un service de téléphonie complet offrant un panel de services autour de l'utilisation de la VoIP.

L'intégration de tous les services de communication (données, voix, vidéo…) sur le même réseau apporte des avantages sur plusieurs plans :

- les coûts de communication sont réduits,
- simplification de la gestion des services,
- maintenance d'une infrastructure unique,
- paramétrage de tous les services au même niveau : téléphonie, messagerie, web.

Services de ToIP

Les services fournis par un outil de ToIP sont de natures et d'objectifs multiples :

- répondeur, messagerie,
- transfert d'appels, selon des critères définis,
- automatisation de tâches,
- filtrage d'appels,
- serveur vocal, menus,
- lien avec d'autres services (mail, site web…)
- conférence,
- administration centralisée du réseau téléphonique…

Infrastructure de ToIP

Une infrastructure ToIP sera celle d'un réseau informatique dans lequel seront intégrés des éléments actifs, matériels ou logiciels, qui permettront de fournir les services choisis :

- Un serveur pour centraliser la gestion des utilisateurs et des services (IPBX) : de nombreuses solutions sont disponibles, propriétaires ou issues du monde du logiciel libre (on pourra citer la solution Asterisk très répandue actuellement, basée principalement sur un système Linux),
- Des téléphones IP : les principaux constructeurs de téléphones RTC ont aussi mis sur le marché des téléphones IP, des outils logiciels,
- Des postes de travail informatiques sur lesquels seront installés et paramétrés des téléphones logiciels (*softphones*) intégrant les protocoles adaptés à la VoIP (client SIP pour la plupart),
- Des passerelles Wifi qui vont permettre d'utiliser des périphériques sans fil (tablettes, smartphones…).

La VoIP permet le transport d'une conversation téléphonique sur un réseau. Le réseau peut prendre n'importe quelle forme (LAN, interconnexion via VPN…), la seule condition est qu'il soit basé sur le protocole IP fiche #23. La voix est fractionnée en trames IP fiche #24 qui sont acheminées sur le réseau comme tout autre type de trame IP.

En Schéma : infrastructure de ToIP

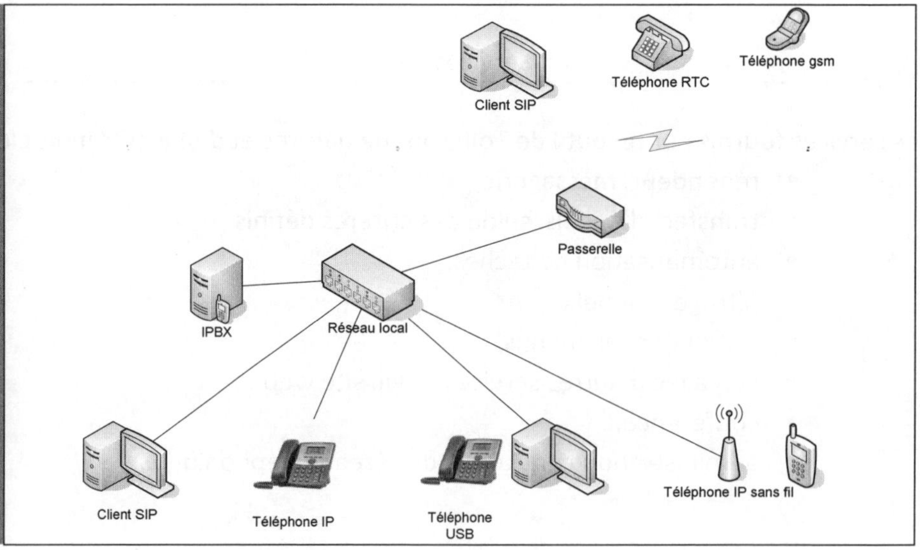

Transmission

Une communication vocale en VoIP est un échange de trames IP. Cependant, des phases supplémentaires aux extrémités sont nécessaire pour adapter une voix (signal analogique) en une donnée numérique.

Lors d'une transmission en VoIP, on distingue les étapes suivantes :

① **Acquisition du signal** : les sons sont captés par un micro, ils sont modulés en signaux analogiques.

② **Numérisation** : le signal analogique est transformé en signal numérique par un convertisseur analogique/numérique. Deux phases sont nécessaires :
- un échantillonnage du signal enregistre à des intervalles très rapprochés la valeur instantanée du son, pour obtenir une suite de valeurs élémentaires correspondant le plus possible au signal sonore complet.
- la quantification de chaque échantillon lui affecte une valeur numérique (chaine binaire). On notera que plus les échantillons sont rapprochés et plus ils sont codés sur un nombre de bits importants, plus le signal échantillonné sera proche du signal réel.

③ Une **compression** est réalisée par un DSP (*Digital Signal Processor*) de façon à limiter la taille des données à envoyer (et donc utiliser une bande passante moins importante).

④ Le son numérisé et compressé est **découpé en paquets** qui sont ensuite encapsulés dans des trames IP.

⑤ Les trames sont **émises** sur le support physique par l'interface réseau.

⑥ Les trames sont **acheminées** à travers le réseau (local, Intranet, Internet ou hybride).

⑦ Les trames sont **reçues** par l'interface réseau de l'hôte destinataire (ordinateur ou téléphone IP).

⑧ Le destinataire, le signal est **reconstitué** (sauf erreurs dues à des trames manquantes).

⑨ Une **conversion** numérique/analogique est appliquée sur le signal reçu.

⑩ Le signal sonore est **édité** par un haut-parleur.

Protocoles

Deux protocoles sont utilisés lors d'une communication VoIP, chacun ayant un rôle bien défini :

- Le protocole de **signalisation** :
  Il est en charge de toute la gestion de la communication : identification des appelants et des appelés, gestion de la mise en relation, gestion des sonneries, gestion des absences, codage et décodage de la voix (utilisation des codecs). Le protocole de signalisation le plus répandu est SIP fiche #45. Notons aussi l'existence d'autres protocoles de signalisations, plus spécifiques : MGCP (le protocole instauré par les fournisseurs d'accès) et le dernier venu : IAX2 (le protocole spécifique à la solution libre Asterisk).

- Le protocole de **transport de la voix** :
  Il est chargé du transport des trames contenant les échantillons de voix (ou d'autres informations multimédia), avec toutes les contraintes particulières à ce type spécifique de données (la gestion du temps réel par exemple). En pratique, le transport de la voix est basé sur deux protocoles : RTP et RTCP. RTP et RTCP sont indépendants, leurs rôles sont distincts mais très complémentaires : associés, ils permettent de mettre en place un flux de données temps réel fonctionnel, optimisé, répondant à une qualité de service spécifique. On les réunit souvent dans l'appellation commune de RTP/RTCP.

Ces protocoles permettent aux éléments qui les intègrent de communiquer directement entre eux (maillage téléphonique), ou via un serveur IPBX (proposition de services complémentaires).

fiche #45 Le protocole de signalisation SIP

Principe

SIP (*Session Initiation Protocol*) est devenu le protocole de référence pour l'implémentation des applications de VoIP. Il implémente toutes les fonctions nécessaires à la mise en place d'un communication de VoIP fiche #44.

Communication SIP

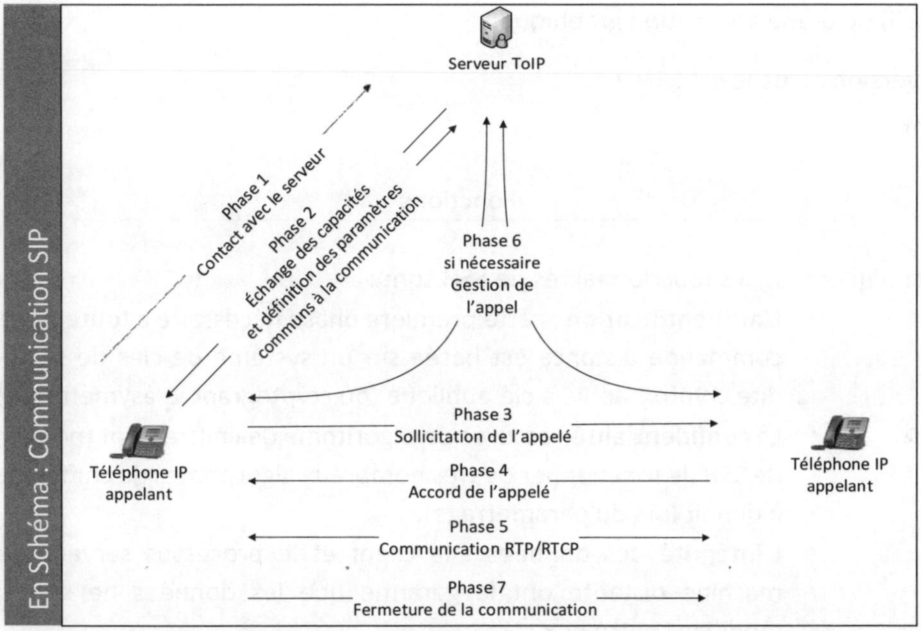

SIP propose deux modes de communication :

- Une conversation **point à point** est mise en place entre 2 extrémités.
- Une **conférence** met en place une conversation entre 3 (ou davantage) extrémités SIP. Dans ce mode, un serveur est nécessaire.

Des comptes utilisateur (comptes SIP) sont créés au niveau du serveur et une phase d'appairage préalable (création d'une paire client/serveur, réalisée une seule fois au paramétrage du client).

fiche #46 Le protocole SSH

Principe

SSH est le protocole de référence de prise de commande à distance sécurisé (*Secure SHell*).

Le principe de base est la possibilité de se connecter, à partir d'un client SSH, à une autre machine (sur laquelle est installé un serveur SSH) pour exécuter des commandes sur celle-ci.

Le client SSH peut prendre la forme d'une application en ligne de commandes (shell) ou d'une application graphique.

La version actuelle est SSH-2.

Fonctions

Techniquement, les fonctionnalités de SSH sont :

- L'**authentification** : cette première phase nécessaire à toute prise de commande distance est basée sur un système de clés de sécurité, dite cryptographie à clé publique (ou cryptographie:asymétrique).
- La **confidentialité** : assurée un algorithme de chiffrement (possibilité de SSH de fonctionner de très nombreux algorithmes de chiffrement, à définir lors du paramétrage).
- L'**intégrité** des données : le client et le processus serveur de la machine distante ont la garantie que les données ne sont pas modifiées entre eux.
- Le **tunneling** : lorsqu'une application transmet des données non cryptées, SSH ajoute une notion de chiffrement en mettant en place un tunnel sécurisé pour faire transiter ces données.
- La gestion d'**autorisations** : il est possible d'appliquer des droits aux utilisateurs.
- Le **transfert** de fichiers : cet outil est un complément très utile à la prise de commande à distance.

Cryptographie à clé publique

Le principe de cryptographie à clé publique est basé sur l'utilisation de 2 clés :

- Une **clé privée** est définie sur le poste client et sécurisée par un mot de passe. Elle est utilisée pour coder les données de demande de connexion.
- Une **clé publique** est diffusée par le client à tous les postes distants. Elle est nécessaire pour décoder les demandes au niveau de chaque poste distant et authentifier le client.

Le schéma suivant synthétise cette méthode d'authentification durant les phases d'une connexion SSH.

En Schéma : Cryptographie à clé publique

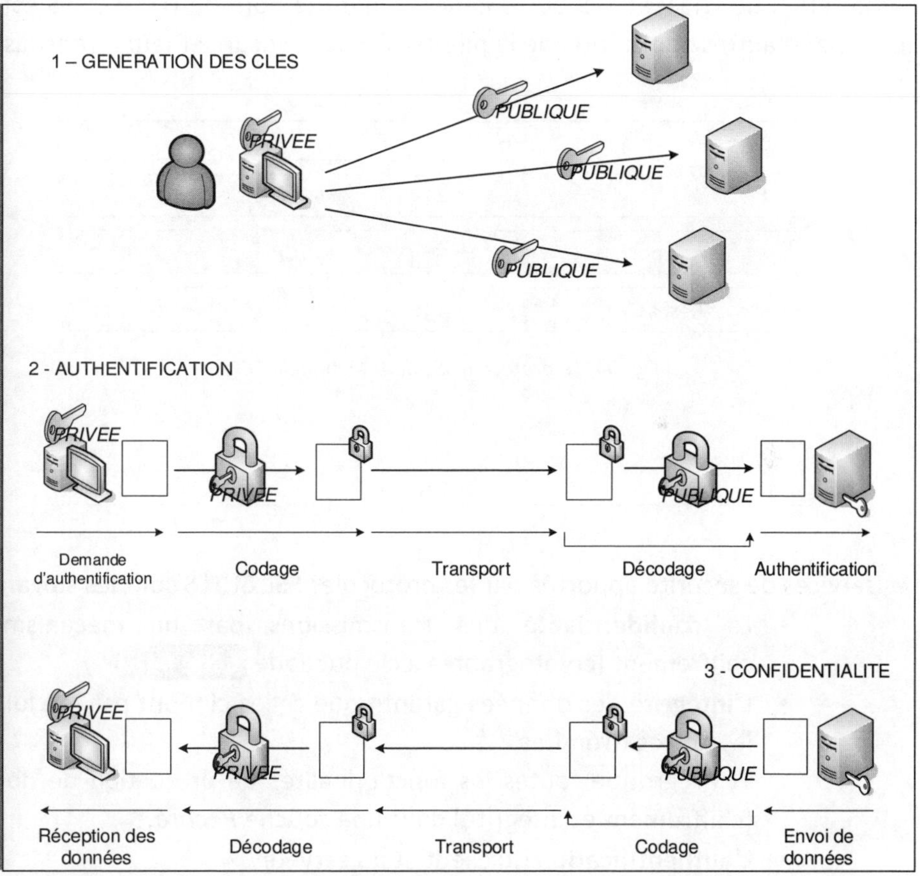

fiche #47 La sécurité : SSL/TLS

Principe

HTTP est un protocole non sécurisé fiche #43 : il a donc été nécessaire de lui ajouter des outils assurant la sécurité des transmissions des pages Web.

Les protocoles SSL (*Secure Socket Layer*), puis TLS (Transport Laye Security) apportent une couche supplémentaire permettant la sécurisation des échanges de façon transparente pour les applications.

L'association de HTTP et TLS porte généralement le nom de HTTPS. TLS est aussi utilisé par d'autres application de la pile TCP/IP pour sécuriser leurs transmissions.

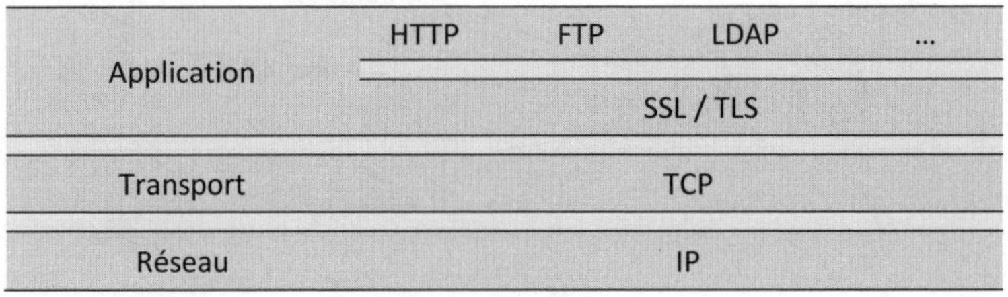

Fig. 34. Le protocole SSL dans le modèle TCP/IP

Services

Les services de sécurité apportés par les protocoles SSL et TLS sont les suivants :

- La **confidentialité** des transmissions par un mécanisme de chiffrement (cryptographie à clé publique fiche #46),
- L'**intégrité** des données garantit que celles-ci n'ont pas été lui entre les deux extrémités.
  TLS regroupe toutes les fonctionnalités de protection de données (chiffrement et intégrité) dans une couche *Record*.
- L'**authentification** du client et du serveur.
  Cette fonctionnalité est réalisée par le protocole *Handshake*
- L'**anti-rejeux** empêche une usurpation d'identité pour l'authentification.

fiche #48 LDAP

Principe

LDAP (*Lightweight Directory Access Protocol*) est un protocole de gestion d'annuaire.

Devenu un standard, ses caractéristiques sont :

- un modèle pour l'organisation des données dans l'annuaire,
- un mécanisme de nommage des éléments,
- des outils d'accès aux éléments dans l'annuaire,
- une sécurité possible par TLS.

Nommage LDAP

Le nommage LDAP s'est imposé et est aujourd'hui un standard pour les annuaires.

Un annuaire est un arbre, constitué d'entrées, identifiées par leur DN (*Distinguished Name*).

La construction du DN d'un élément est récursive : le DN est formé du RDN (*Relative Distinguished Name*) complété par le DN de son élément parent.

Une entrée est elle-même constitué d'attributs de différentes natures. Le tableau suivant liste les principales.

dc Domain Component	Attributs permettant de nommer l'élément dans le domaine, avec une organisation similaire à celle du DNS
cn Common Name	Nom de l'élément
ou Organizational Unit	Selon l'organisation souhaitée, les éléments peuvent être regroupés : unité d'organisation
uid User Identifier	Pour les éléments correspondants à des utilisateurs : identifiant d'utilisateur

Fig. 35. Principaux éléments LDAP

Exemple ①

Un annuaire LDAP est le suivant :

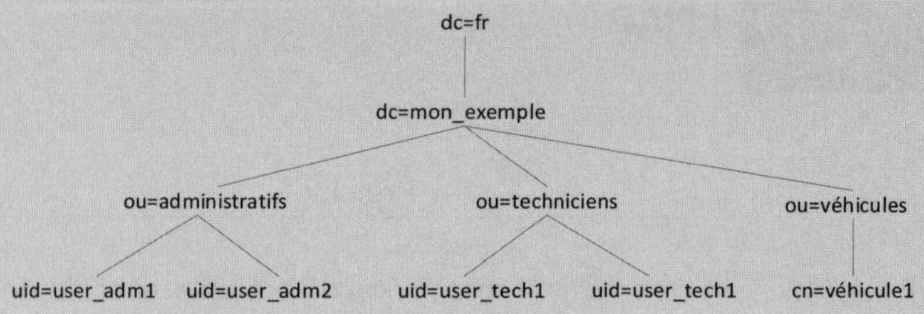

Le DN de l'utilisateur user_adm2 est :
dn:uid=user_adm2,ou=administratifs,dc=mon_exemple,dc=fr

Le RND de cet utilisateur est :
rdn:user_adm2

Exemple ②

Dans l'annuaire LDAP de l'exemple ① :

Le DN du groupe des techniciens est :
dn:ou=techniciens,dc=mon_exemple,dc=fr

Le RND de cet utilisateur est :
rdn:techniciens

fiche #49 La gestion de parc de matériel

Principe

L'administration d'une infrastructure passe nécessairement par une gestion du parc de matériel.

Regrouper en un seul toutes les informations (caractéristiques techniques, logiciels, paramétrage, environnement géographique…) relatives à chaque élément de l'infrastructure (postes de travails, périphériques, éléments actifs…).

De nombreux outils sont actuellement disponibles sur le marché.

Objectifs

Les objectifs d'un outil de gestion de parc de matériel sont nombreux :

- **Centraliser** toutes les informations au sein d'une base de données indépendante des postes de travail des administrateurs : la gestion du parc est une tâche commune, transversale, à laquelle doivent être associés tous les techniciens de la structure.
- **Prévoir** les évolutions : elle permet d'anticiper un besoin (changement de matériel, migration de système d'exploitation, amélioration d'une configuration matérielle ou logicielle…).
- **Simplifier** le travail des techniciens : les outils de gestion de parc sont principalement des applications Web lors d'une intervention, où qu'il se trouve, le technicien peut consulter toutes les informations qui vont lui permettre d'effectuer une tâche.
- **Préparer** une intervention : la mise à disposition de la base de données d'informations est un facteur de sérénité qui permet aux techniciens de préparer une tâche en amont et de réduire les temps d'intervention.
- **Diminuer** les coûts : l'approche globale de la gestion de l'infrastructure permet une réduction des coûts (optimisation des investissements, rationalisation des services, anticipation des évolutions).
- **Sauvegarder** de manière simple la base de données centralisée.

fiche #50 La gestion d'incidents

Principe

La gestion d'incidents est un outil d'administration qui permet une gestion complète, en amont et aval, de tout incident qui survient sur l'infrastructure.

Un outil de gestion d'incidents regroupe au sein d'une base de données centralisée toutes les informations relatives aux incidents en cours (caractéristiques, état de résolution, utilisateurs affectés...) ainsi qu'une base de connaissances complète des incidents passés. Tous les intervenants (utilisateurs, techniciens, gestionnaires, dirigeants) ont accès, selon des droits qui leurs sont affectés, à la gestion des incidents.

Les meilleures pratiques relatives à la gestion d'incidents sont définies dans la procédure ITIL (*Information Technology Infrastructure Library*).

Objectifs

Les objectifs de la mise en place d'un outil de gestion d'incidents sont nombreux :

- **Centraliser** toutes les informations : quel que soit le lieu d'une intervention, les techniciens ont accès aux informations. Ces outils sont généralement des applications Web.
- **Partager** entre les techniciens : la mise en commun du suivi d'un incident permet à plusieurs techniciens de travailler sur la même tâche de manière transparente pour l'utilisateur.
- **Anticiper** : des outils de bilan et de statistiques permettent d'anticiper des incidents et de d'agir en amont de l'incident (évolution de configuration, remplacement de matériel...).
- **Associer** à une gestion de parc : la plupart des outils de gestion d'incidents peuvent être associés à une gestion de parc de matériel, ce qui permet de disposer, lors de la survenue d'un incident, de toutes les informations sur le matériel affecté.
- **Réduire** les coûts : la gestion globale permet de programmer les périodes d'inactivités, réduire les temps d'intervention, prévoir les investissements.

PCA

Le PCA (plan de continuité d'activité) définit l'ensemble des procédures à mettre en place pour assurer la continuité des services fournis par l'infrastructure en cas de survenue d'un incident.

Ses qualités sont :

- sa rapidité à mettre en place une **solution de secours**,
- son organisation des données pour risquer le moins possible de **perte de données**,
- sa capacité à limiter le **temps d'inactivité** ou d'indisponibilité du service,
- sa **lisibilité** par l'ensemble des intervenants (utilisateurs, techniciens, dirigeants, prestataires).

PRA

Le PRA (plan de reprise d'activité) définit l'ensemble des procédures à mettre en place pour remettre en place l'infrastructure initiale en cas d'incident survenu sur l'infrastructure entrainant une interruption d'activité.

La qualité d'un PRA réside dans sa conception. Cette phase d'analyse et d'anticipation doit être :

- rigoureuse : l'analyse est menée le plus en amont possible, de manière approfondie,
- exhaustive : tous les risques sont analysés et envisagés, pour qu'il ne puisse pas survenir un incident non répertorié.
- rationnelle : le niveau de risque de chaque incident est évalué, les solutions proposées sont adaptées,
- clairement documentée : toutes procédures sont rédigées clairement, sous une forme utilisable par tous les intervenants.

PARTIE 2

Exercices et éléments de correction

Infrastructure physique

exercice #1 Modèle TCP/IP

Annales BTS SN IR 2017

Document : Document réponses

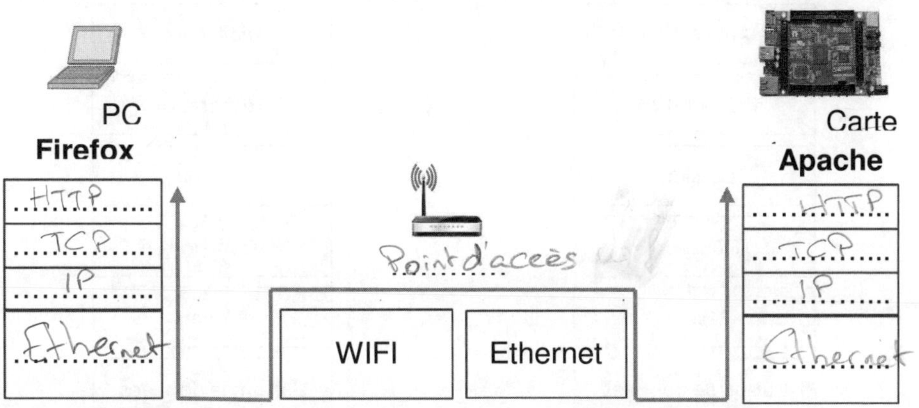

Dans le **document réponses**, compléter le schéma en utilisant les mots suivants : HTTP, TCP, IP, Ethernet, Point d'accès et WIFI.

PROPOSITION DE CORRECTION

Nous intégrons les protocoles à chaque niveau du modèle TCP/IP fiche #2 :

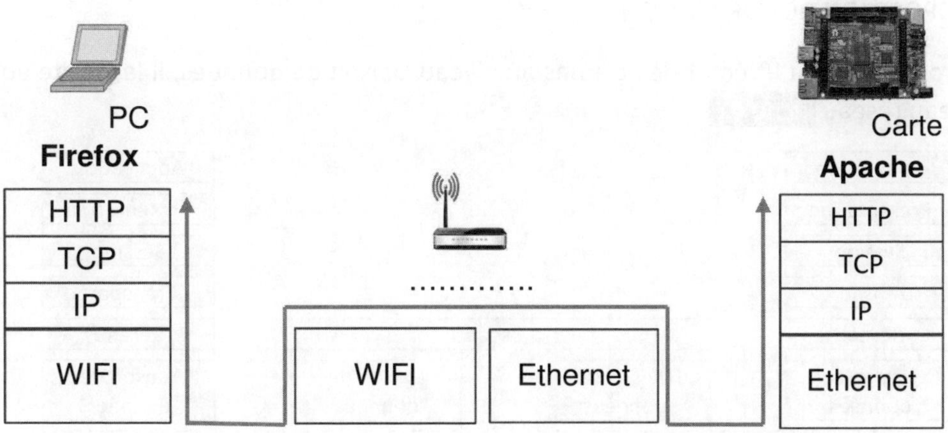

exercice #2 Modèle OSI et routage

Annales DUT Informatique

Document :

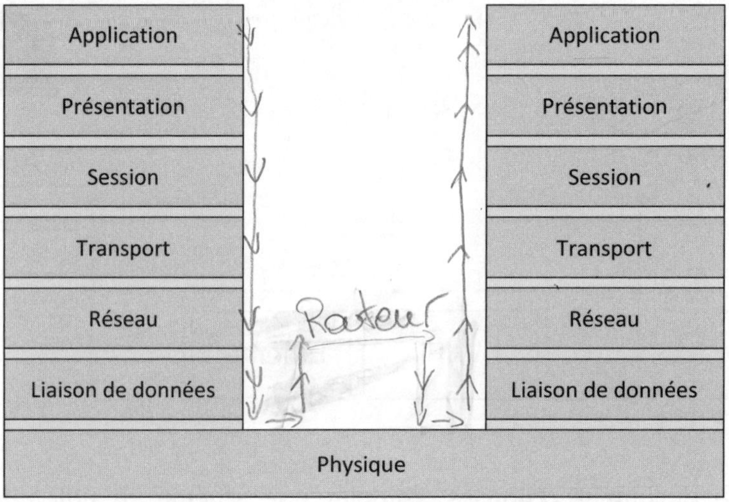

Ordinateur A Ordinateur B

Complétez le modèle OSI fourni pour faire apparaître un routeur entre l'ordinateur A et l'ordinateur B et les couches sur lesquelles il s'appuie.

PROPOSITION DE CORRECTION

Le routeur reçoit et émet des trames au niveau Liaison de données, il les traite au niveau réseau fiche #1 :

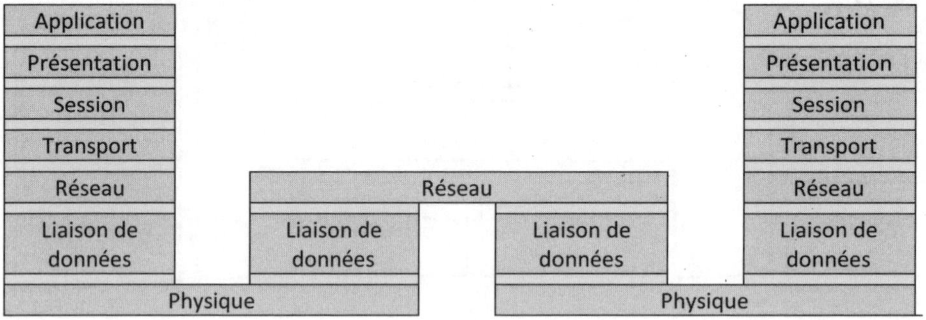

Ordinateur A Routeur Ordinateur B

exercice #3 Gestion d'un incident physique

Annales BTS SIO 2016

Document : Contexte

La mairie de la ville de L. a récemment installé un système de vidéosurveillance sur une partie des espaces publics du territoire dont elle a la charge. La mise en route de l'ensemble du système date de moins de trois semaines.

Conformément à la loi et aux préconisations de la CNIL, ces dispositifs doivent exclusivement permettre de constater des infractions aux règles de la circulation, réguler les flux de transport, protéger des bâtiments et installations publics et leurs abords, prévenir des risques naturels ou technologiques, faciliter le secours aux personnes ou encore lutter contre les incendies et assurer la sécurité des installations accueillant du public dans les parcs d'attraction.

Une quinzaine de sites de la ville de L. sont équipés de 30 caméras fixes. Elles filment et enregistrent des images 24/24 qui sont sauvegardées pendant une durée maximum de 30 jours, conformément à l'autorisation préfectorale obtenue par la mairie de L.

Tous les équipements (caméras, postes de surveillances, ...) des sites distants sont reliés par fibre optique au cœur de réseau du service informatique de la ville, située à la mairie.

Trois chantiers concernant ces caméras sont actuellement en cours :

- le centre aquatique, qui a récemment ouvert ses portes, est le dernier site qui a été équipé de caméras. Il fait toujours l'objet d'aménagements extérieurs (nivellement du terrain, plantation d'arbres, installation de bordures, création d'une piste cyclable, etc.) ;
- l'intégration d'un réseau de caméras nomades permettant de couvrir certains événements provisoires : chantiers, salons, manifestations, périmètres non couverts ayant subi des dégradations, etc. Ces caméras, qui pourront être déplacées d'un endroit à l'autre de la ville, n'ont pas besoin pour fonctionner d'être raccordées au réseau de fibre optique municipal ;
- l'intégration du système de vidéosurveillance au logiciel de supervision de la mairie.

Document : Description du réseau de la mairie

Le **cœur de l'infrastructure du réseau de la mairie**, installé dans un local technique situé au sous-sol de la mairie est architecturé autour de :

- 2 commutateurs de niveau 3 empilés et dotés de 24 ports Ethernet Gigabit et de 24 ports fibre sur lesquels arrivent les brins de fibre des caméras et des points d'accès Wi-Fi ;
- 2 commutateurs de niveau 2 dotés de 24 ports Ethernet Gigabit ;
- 3 serveurs de virtualisation ;
- un câblage cuivre F/FTP en catégorie 6a.

Les caméras IP, actuellement au nombre de 30 (y compris celles du centre aquatique), permettent la numérisation et la compression vidéo. Le fichier contenant la vidéo est acheminé via les commutateurs réseau, pour être enregistré sur un serveur.

Le réseau des caméras de la mairie intègre un système qui permet :

- de regarder en direct les flux vidéo des caméras de surveillance depuis les ordinateurs du réseau via les outils de gestion vidéos installés sur un serveur ;
- de créer des fichiers archives sur un groupe de quatre serveurs FTP pour une lecture en différé.

Les postes d'exploitation

80 % des postes d'exploitation sont regroupés dans un local de la mairie.

Mais quelques sites, comme celui du centre aquatique, bénéficient, notamment aux heures d'accueil du public, d'une surveillance des caméras sur place.

Le **site du centre aquatique intégrant 4 caméras** utilise, comme les autres sites, des convertisseurs de médias « cuivre-fibre ».

Le lien fibre part d'une armoire d'équipements située près d'une prise d'alimentation. La source d'alimentation et le câble en fibre sont connectés sur un convertisseur de médias qui convertit le lien fibre en cuivre. Un lien Ethernet cuivre (câble S/FTP) est branché sur la caméra IP.

Le poste d'exploitation (N°5) du centre, installé sur place, est directement connecté au commutateur fibre.

Le serveur de supervision, équipé du logiciel *Shinken*, (serveur virtualisé exploité via la salle d'exploitation de la mairie) permet de surveiller des

éléments actifs (commutateurs, routeurs, etc.), des hôtes (PC, imprimantes, caméras, etc.) et les services spécifiés.
Shinken permet de gérer les liens de dépendances qu'il peut y avoir entre les équipements de l'infrastructure réseau (hôtes, éléments actifs, etc...).
En effet, si par exemple, un commutateur ne répond plus, il n'est pas nécessaire de recevoir les notifications d'alertes concernant tous les équipements qui dépendent de lui.

Les caméras bénéficient d'une alimentation via le convertisseur de médias qui est compatible *PoE*. Ces convertisseurs peuvent être reliés entre eux par chaînage.

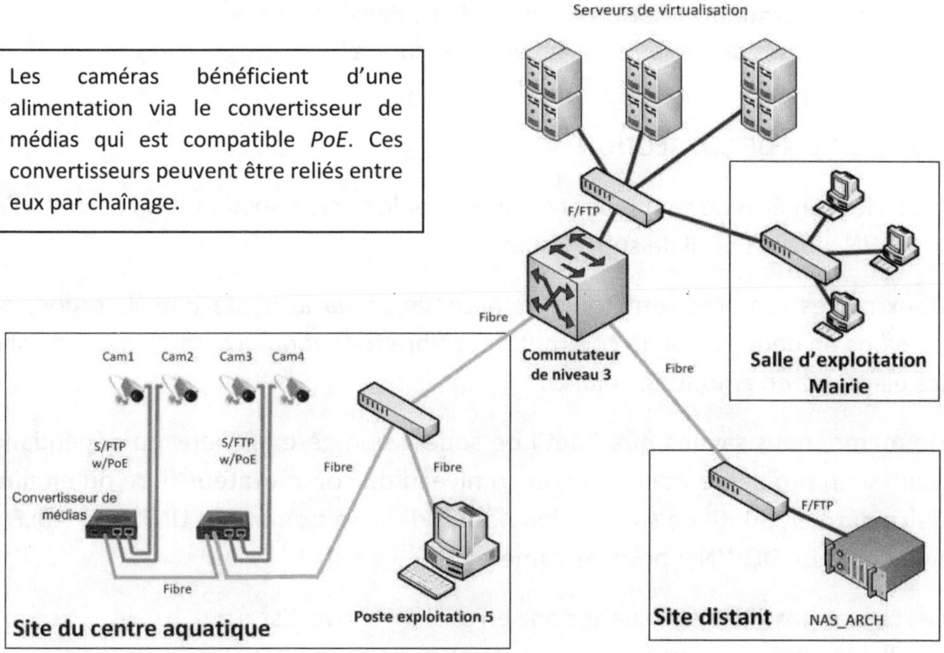

Le DSI de la mairie vous demande de prendre en charge le courriel reçu aujourd'hui par un technicien qui lui a relayé la demande :

```
De YYY@mairie-1.fr à XXX@mairie-1.fr
Le 10/05 à 8h45
```

```
Bonjour,

Je suis, depuis mon arrivée ce matin, dans l'incapacité de
visionner les images des caméras n°1 et n°2 du centre
aquatique, situées respectivement sur le parking et à
l'entrée du centre.

Ces deux caméras paraissent intactes, elles sont alimentées
et ne semblent pas avoir été endommagées.

A noter également que les deux autres caméras intérieures
sont toujours opérationnelles et que je peux en visionner
les images depuis mon poste de surveillance, qui porte le
numéro 5.

Cordialement,
M. YYY
Responsable sécurité du centre aquatique.
```

> Vous constatez effectivement dans l'outil de supervision que les deux caméras en question sont à l'état « *DOWN* » et qu'aucune autre anomalie n'est signalée.
>
> Rédiger une note technique détaillée expliquant :
> a) les raisons qui, d'après le courriel et la constatation de l'incident sur l'outil de supervision, vous font écarter un problème qui serait situé sur le commutateur fibre ou en amont de ce dernier ;
> b) les causes possibles du problème rencontré ;

PROPOSITION DE CORRECTION

Deux des caméras ne sont plus accessibles par le poste d'exploitation et sont à l'état « DOWN » dans l'outil de supervision.

Deux autres caméras sont toujours accessibles via le poste d'exploitation, nous pouvons en déduire que le commutateur fibre fonctionne correctement, ainsi que les éléments en amont de celui-ci.

De même, nous savons que l'outil de supervision gère les liens de dépendances, donc si un problème était survenu au niveau du commutateur fibre ou en amont de ce dernier, l'outil de supervision nous indiquerait un état « UNREACHABLE » et non un état « DOWN » pour les caméras.

Les causes possibles se situent donc en aval du convertisseur :

- La jonction en fibre optique entre les deux convertisseurs de médias a été coupée,
- le convertisseur de média sur lequel sont connectées les deux caméras ne fonctionne plus.

exercice #4 Câblage

Annales BTS SIO 2017

Document : Schéma simplifié de connexions réseau

Plateau C2 du bâtiment A : projet de câblage

Ce schéma, fourni dans le cahier des charges, présente les besoins du service de télémarketing nécessaires au traitement du client.

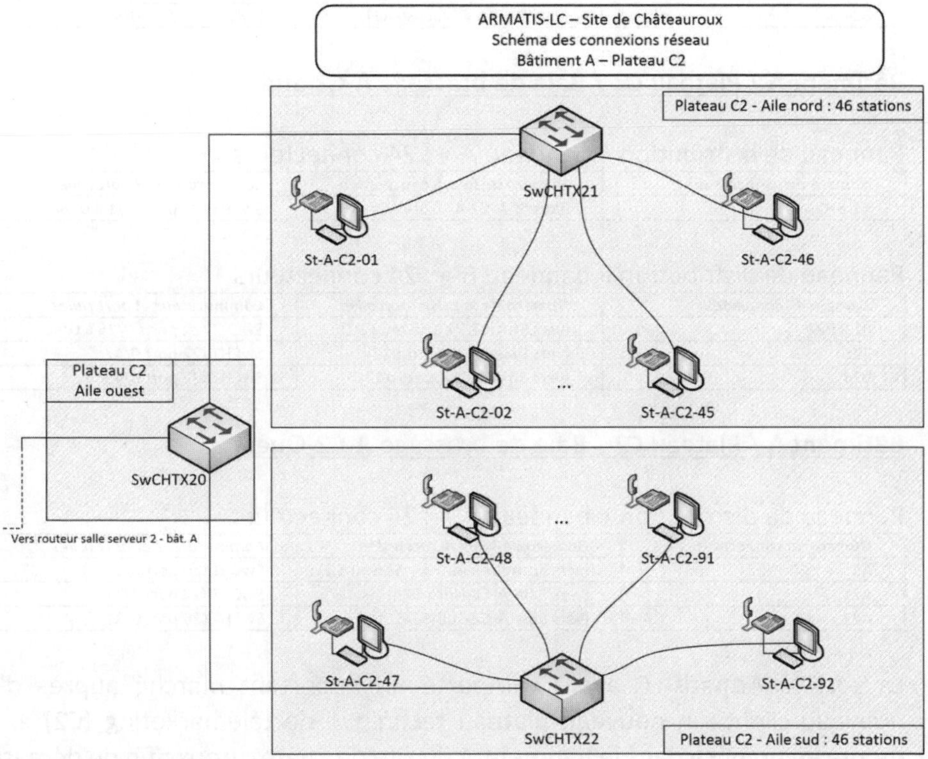

Quatre-vingt-douze stations mixtes de travail (PC de bureau + téléphone IP avec micro-casque) doivent être installées afin de répondre aux besoins du nouveau client, ainsi que trois baies de brassage équipées de bandeaux d'interconnexion et de commutateurs de niveau 2.

Document : Description du câblage réalisé dans les baies de brassage du plateau C2

Bâtiment A / Plateau C2 / Baie de brassage A-C2-Nord

Panneau de distribution « bandeau A » : 24 connecteurs

Numéro du connecteur	*Numéro de la prise raccordée*	*Commutateur et port reliés*
A1 à A24	(vers St-A-C2-01 à St-A-C2-24)	SwCHTX21 ports 0/1 à 0/24

Panneau de distribution « bandeau B » : 24 connecteurs

Numéro du connecteur	*Numéro de la prise raccordée*	*Commutateur et port reliés*
B1 à B22	(vers St-A-C2-25 à St-A-C2-46)	SwCHTX21 ports 0/25 à 0/46
B23	(vers Baie-A-C2-Sud-B23)	SwCHTX21 port 0/47
B24	(vers Baie-A-C2-Ouest-A21)	SwCHTX21 port 0/48

Bâtiment A / Plateau C2 / Baie de brassage A-C2-Sud

Panneau de distribution « bandeau A » : 24 connecteurs

Numéro du connecteur	*Numéro de la prise raccordée*	*Commutateur et port reliés*
A1 à A24	(vers St-A-C2-47 à St-A-C2-70)	SwCHTX22 ports 0/1 à 0/24

Panneau de distribution « bandeau B » : 24 connecteurs

Numéro du connecteur	*Numéro de la prise raccordée*	*Commutateur et port reliés*
B1 à B22	(vers St-A-C2-71 à St-A-C2-92)	SwCHTX22 ports 0/25 à 0/46
B23	(vers Baie-A-C2-Nord-B23)	SwCHTX22 port 0/47
B24	(vers Baie-A-C2-Ouest-A22)	SwCHTX22 port 0/48

Bâtiment A / Plateau C2 / Baie de brassage A-C2-Ouest

Panneau de distribution « bandeau A » : 24 connecteurs

Numéro du connecteur	*Numéro de la prise raccordée*	*Commutateur et port reliés*
A1	(vers Routeur – Bât. A – Serveurs 2)	SwCHTX20 port 0/1
A21	(vers Baie-A-C2-Nord-B24)	SwCHTX20 port 0/21
A22	(vers Baie-A-C2-Sud-B24)	SwCHTX20 port 0/22

La société Armatis-LC ayant remporté un important marché auprès d'un nouveau client, un nouveau plateau technique de télémarketing (C2) a été monté en urgence dans le bâtiment A du site de Châteauroux afin de démarrer au plus vite l'activité. Alors que le brassage dans les baies du plateau C2 est conforme à la situation décrite par le document ci-dessus, les tests ont montré que toute communication entre ordinateurs est impossible. Il ne fait aucun doute que le réseau du plateau C2 est victime d'une tempête de diffusion.

Identifier, à partir du tableau décrivant le câblage réel, quelle est la raison de cet incident et quelle intervention précise sur le câblage va permettre un retour instantané à la normale.

PROPOSITION DE CORRECTION

À partir de la description du câblage fournie, nous retraçons sur le schéma simplifié les jonctions entre les trois switchs :

- Baie-A-C2-Nord-B24 vers Baie-A-C2-Ouest-A21
- Baie-A-C2-Ouest-A22 vers Baie-A-C2-Sud-B24
- Baie-A-C2-Sud-B23 vers Baie-A-C2-Nord-B23

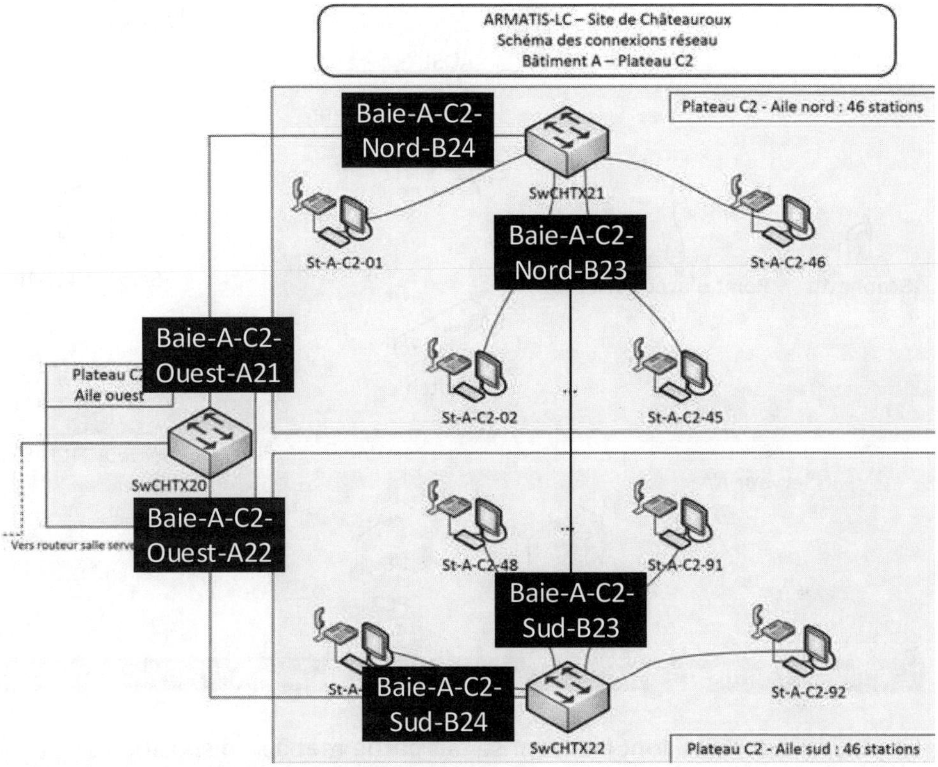

Le câblage a donc mis en place une boucle.

Lorsqu'un switch reçoit une trame de diffusion, il la retransmet automatiquement sur tous ses ports. Comme dans notre cas les trois switchs sont reliés par une boucle, ce phénomène de diffusion s'est amplifié, déclenchant une tempête de diffusion (ou tempête de broadcast) qui a saturé le réseau, rendant toute communication impossible.

Le retour à la normale est possible en supprimant la boucle, c'est-à-dire en débranchant l'une des trois jonctions citées ci-dessus et représentées sur le schéma.

exercice #5 Schéma de câblage

Annales BTS SN IR 2016

Document : Document réponses

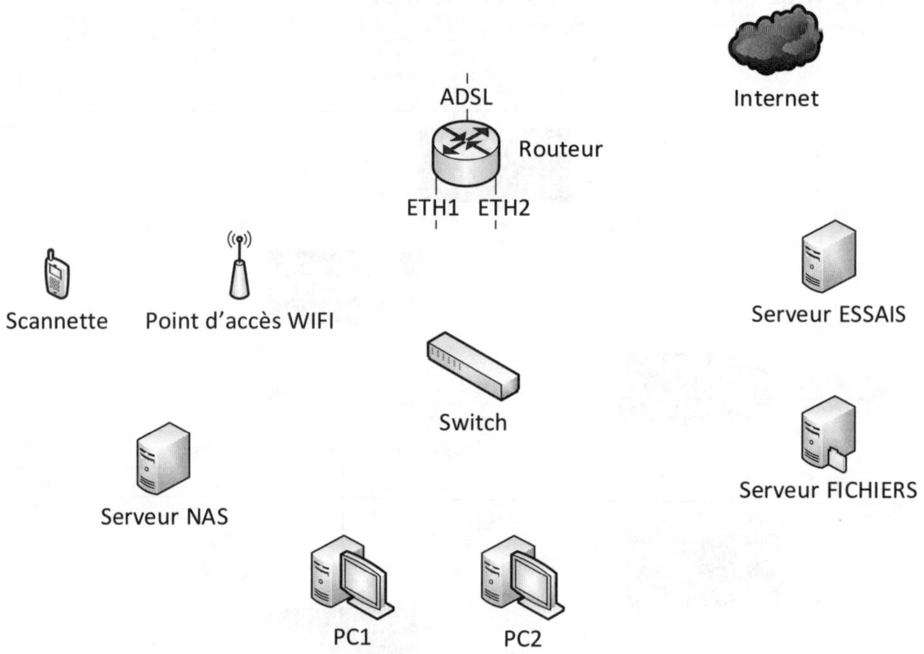

Document : Contexte

Le groupe industriel dont l'entreprise fait partie met à sa disposition :

- 1 serveur de fichiers qui assure aussi les services Web, DNS, DHCP et MYSQL,
- 1 serveur NAS pour le backup uniquement,
- 1 routeur ADSL pour l'accès internet.

Une DMZ est configurée. Dans cette DMZ est présent un serveur ESSAIS qui permet de faire des essais avec des clients extérieurs en ouvrant temporairement des ports.
Tous les ordinateurs, sauf le serveur ESSAIS, sont dans un même réseau local.
Sur le site, 40 postes environ sont connectés.
Un point d'accès Wifi permet de connecter les scannettes au réseau local.
Le point d'accès Wifi est un pont (bridge) Ethernet/Wifi. Il est administrable par réseau grâce à une interface Web.

Le routeur ADSL permet de relier le réseau de l'entreprise à Internet. Ce routeur possède 3 interfaces :

- L'interface ADSL est reliée à Internet (via un fournisseur d'accès),
- L'interface ETH 1 (ethernet) est reliée au réseau local LAN,
- L'interface ETH 2 (ethernet) est reliée à la DMZ.

Le routeur fonctionne en mode NAT (Network Address Translation). Son interface publique est l'interface ADSL.

Dessiner sur le document réponses le schéma de câblage reliant les différents éléments présents.

PROPOSITION DE CORRECTION

Nous ajoutons les câbles reliant les différents matériels :

- Le réseau local est organisé autour du switch. Il possède une sortie par l'interface ETH1 du routeur.
- La DMZ comprenant le serveur ESSAIS est connectée au routeur par son interface ETH2. Le routage en place permettra l'accès à la DMZ depuis le réseau local ou Internet, mais n'autorisera pas l'accès au réseau local depuis Internet

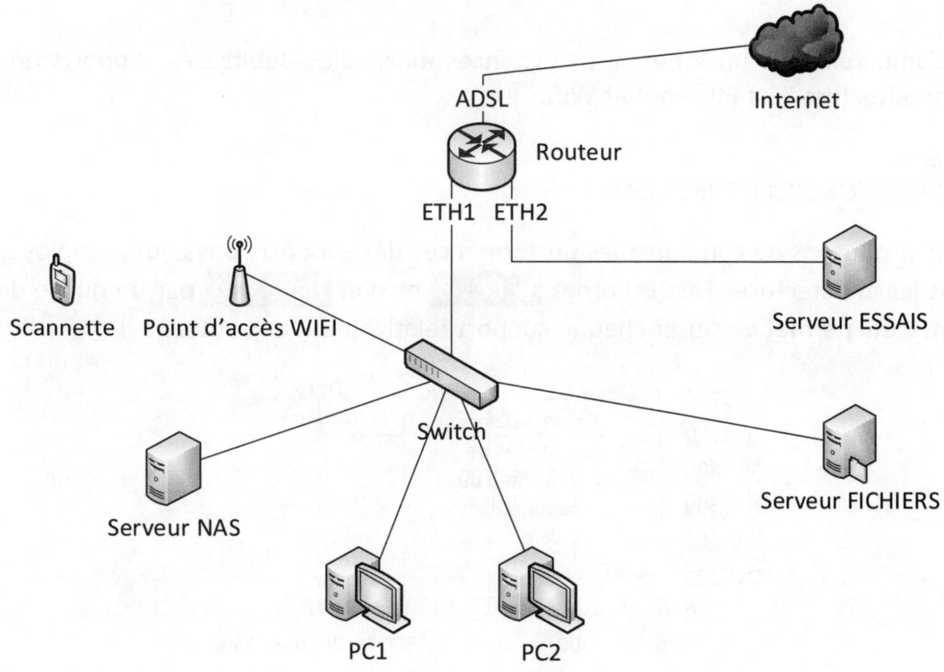

exercice #6 Ethernet

Annales BTS IRIS 2015

> Un LAN utilise la technologie de réseau Ethernet. Peut-on qualifier ce réseau de probabiliste ou de déterministe ? Justifier votre réponse.

PROPOSITION DE CORRECTION

Ethernet est un réseau qualifié de probabiliste : la méthode d'accès au support CSMA/CD fiche #7 qu'il utilise ne permet pas de calculer le moment où un hôte peut émettre sur le support, elle ne peut garantir aucun délai de transmission. L'accès au support est conditionné par de nombreux facteurs indépendants de l'hôte qui souhaite émettre.

exercice #7 Supports physiques

Annales Bac+3 CDI 2016

> Comparez dans un schéma les distances maximales/débits des supports en architecture Fast Ethernet et Wifi.

PROPOSITION DE CORRECTION

Nous proposons de comparer les performances des supports physiques employés dans les architectures Fast Ethernet fiche #8 et Wifi fiche #14 par un nuage de points, qui permet de situer chaque support relativement aux autres :

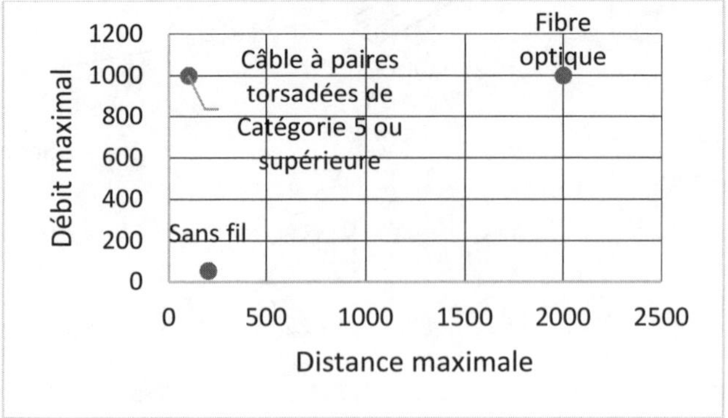

exercice #8 Supports

Annales DUT Informatique

Document : Liaison inter-bâtiments

Une entreprise est répartie sur deux bâtiments, distants de 160 m. Dans chaque bâtiment, un réseau local est en place, autour d'un commutateur principal (C1 pour le premier bâtiment et C2 pour le second). Ces commutateurs comptent 24 ports RJ45 de norme Fast Ethernet (pas d'autre port).

Proposez trois solutions techniques (supports) d'interconnexion des deux bâtiments.

PROPOSITION DE CORRECTION

La caractéristique principale de cette interconnexion est qu'elle est de longueur 160 m, c'est-à-dire supérieure à 100m (limite des liaisons Fast-Ethernet en câble à paires torsadées fiche #8). Nous pouvons proposer les trois solutions suivantes :

① Deux jonctions en câble à paires torsadées autour d'un nouveau commutateur : la longueur de chaque liaison est inférieure à 100 m et nous n'avons besoin d'aucune modification au niveau de C1 et C2.

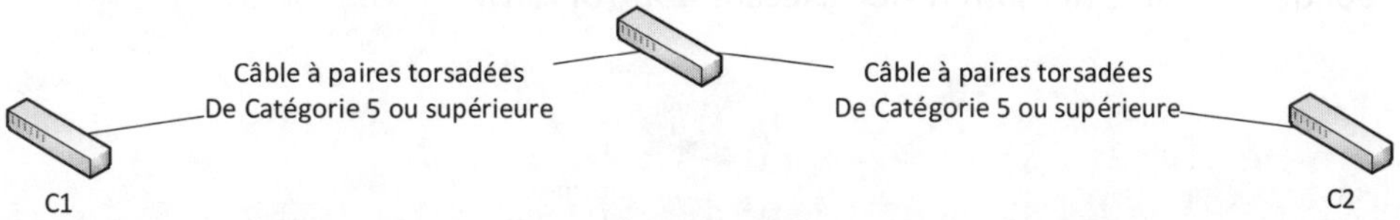

② Une jonction en fibre optique entre C1 et C2 : la longueur de la liaison est bien inférieure à 2 km. Par contre, C1 et C2 ne possédant pas de ports pour fibre optique, nous devons ajouter un transceiver fiche #9 à chaque extrémité.

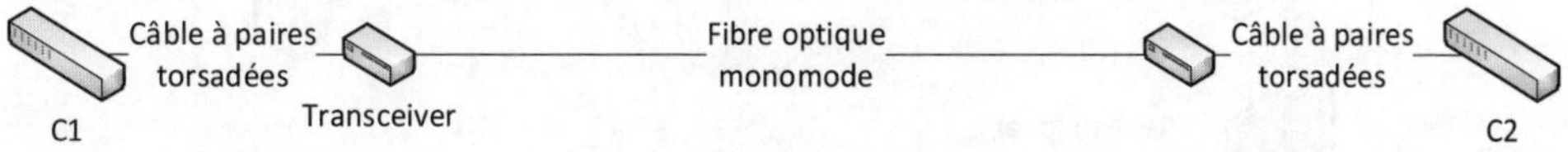

③ Une jonction sans fil entre C1 et C2 : la longueur de la liaison est bien inférieure à 200 m. Nous devons ajouter un pont fiche #34 Ethernet/Wifi, (point d'accès Wifi) à chaque extrémité.

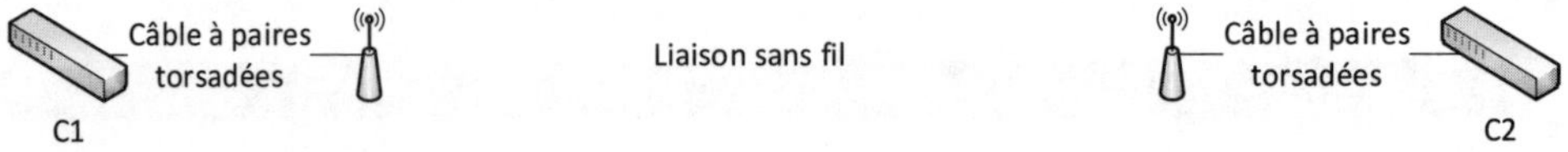

exercice #9 DMZ

Annales BTS SN IR 2016

Expliquer le rôle d'une DMZ.

PROPOSITION DE CORRECTION

Une DMZ (ou zone démilitarisée) est une partie du réseau interconnectée d'une part avec le réseau local, et d'autre part avec Internet, par l'intermédiaire d'un routeur (ou d'un serveur équipé de plusieurs interfaces et effectuant les tâches de routage).

Des règles de filtrage définies au niveau de ce routeur permettent de limiter les transmissions entre les trois entités. La chaine des règles de filtrage qui vont être appliquées porte de nom d'ACL (*Access Control List*).

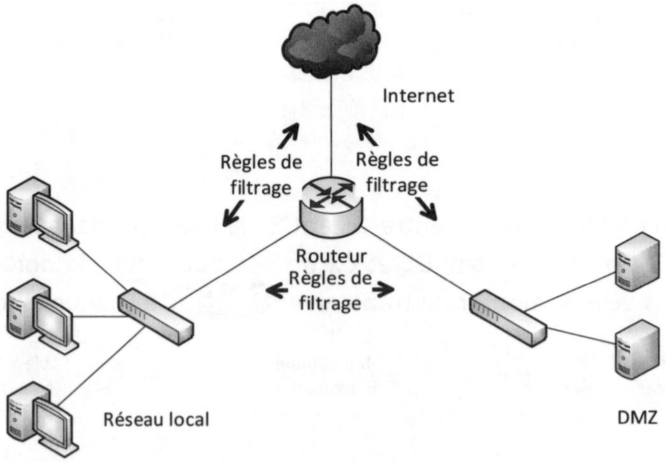

Cette zone regroupe habituellement les serveurs de messagerie, Web d'une société, ceux-ci devant être accessibles du réseau local et d'Internet.

exercice #10 Haute disponibilité

Annales BTS SIO 2017

Document : Contexte

L'université Ouest possède un centre de ressources informatiques (CRI) destiné à coordonner les projets.
Un nouveau bâtiment situé sur le site de Belle-Beille, destiné à regrouper les formations informatiques de l'université, vient d'être livré.

Le matériel actif choisi pour équiper le local technique du pôle informatique est composé d'une pile (*stack*) de 6 commutateurs SW-48T-L2 et d'un SW-48TE-L2. La connectivité des équipements terminaux des utilisateurs est assurée grâce à un câblage cuivre de catégorie 6. Le standard 1000Base-T a été retenu pour relier les commutateurs aux équipements terminaux. Des bornes *Wi-Fi* couvrent le bâtiment et permettent à chaque étudiant.e d'utiliser un équipement mobile de son choix. La connectivité *Wi*-Fi est possible pour les étudiants grâce à un portail captif donnant accès à un VLAN dédié.

Document : Matériel actif utilisé

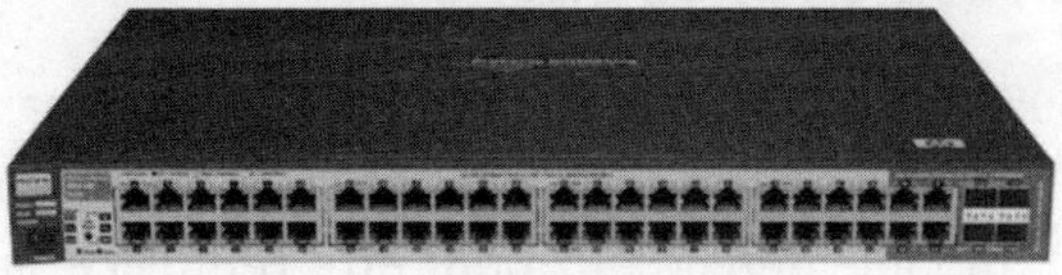

Commutateur SW-48T-L2

Connectivité	
48 ports RJ-45 de commutation de base Ethernet, Fast Ethernet, Gigabit Ethernet	
4 ports SFP/SFP+	
Empilable (Stackable) par connecteur dédié en face arrière	
Réseau	
Full duplex	Serveur DHCP
Agrégation de lien	Contrôle Broadcast Storm
Auto MDI/MDI-X	Filtrage IGMP
Protocole Spanning Tree (STP)	Client DHCP
Transmission des données	
Capacité de commutation : 160 Gbit/s	
Protocoles	
RMON 2, RMON 3, RMON 9, Telnet, SNMP 3, SNMP 2c, HTTP, SSH/SSL	
Caractéristiques	
Remplacement de module à chaud, Layer 2 switching, affectation dynamique des adresses IP, auto-négociation, prise en charge d'ARP, liaisons, prise en charge du réseau local (LAN) virtuel, auto-uplink (MDI/MDI-X auto), *IGMP snooping*, prise en charge de Syslog, régulation de trafic, contrôle de la tempête de Broadcast, Multicast et Unicast Storm Control, STP (*Spanning Tree Protocol*), assistance *Trivial File Transfer Protocol* (TFTP), assistance *Access Control List* (ACL), qualité de service (QoS), support d'images étendues, MLD, *Dynamic ARP Inspection* (DAI), *Link Aggregation Control Protocol* (LACP), alimentation redondante	

Conformité aux normes

IEEE 802.3, IEEE 802.3u, IEEE 802.3z, IEEE 802.1D, IEEE 802.1Q, IEEE 802.1X, IEEE 802.3ab, IEEE 802.1p, IEEE 802.3x, IEEE 802.3ad (LACP), IEEE 802.1w, IEEE 802.1s, IEEE 802.1ae

Commutateur SW-48TE-L2

Caractéristiques identiques au SW-48T-L2 avec en plus, option connexion Ethernet supportant l'alimentation via port *PoE* (*Power over Ethernet*) sur les 48 ports.

Commutateur SW-24T-L3

Caractéristiques identiques au SW-48T-L2 24 ports, supporte la commutation de niveau 3.

Les matériels d'interconnexion ont été prévus pour équiper le local technique desservant Belle-Beille. Le responsable du CRI vous demande de rédiger une note démontrant à la direction du numérique que les matériels choisis respectent les préconisations du schéma directeur.

Relever au moins trois caractéristiques du commutateur SW-48T-L2 qui favorisent la haute disponibilité, en expliquant brièvement en quoi ces caractéristiques contribuent à éviter des interruptions de services.

PROPOSITION DE CORRECTION

Nous pouvons relever trois caractéristiques parmi les suivantes :

- Le remplacement de module à chaud améliore la haute disponibilité : un module défectueux peut être remplacé sans couper l'alimentation du switch, et donc sans déconnexion.
- La fonction agrégation de lien permet de regrouper plusieurs ports du switch pour constituer une seule interface. Concernant la haute disponibilité, ce dispositif permet de mettre en place un lien redondant : si l'une des liaisons ou interface rencontre un problème, les autres liaisons continuent de fonctionner.
- Le matériel intègre le protocole Spanning Tree (STP), qui a pour rôle d'éviter les tempêtes de diffusion (ou tempêtes de broadcast) si une boucle physique existe sur le réseau. Cette caractéristique permet donc de mettre en place une redondance des liens pour garantir de la haute disponibilité, dans déclencher de tempête de broadcast.
- L'alimentation redondante garantie une continuité du fonctionnement si une panne survient sur l'une des alimentations.

exercice #11 Switchs empilables

Annales BTS SIO 2017

> *Utiliser documents exercice #10*
>
> Justifier dans une note adressée à la direction le choix d'un empilement des commutateurs par rapport à une liaison des commutateurs par câble cuivre sur port Ethernet.

PROPOSITION DE CORRECTION

Le commutateur SW-48T-L2 est empilable (stackable), il possède un connecteur dédié en face arrière qui permet de le connecter à un autre commutateur empilable. Une fois connectés par ce port, les deux switchs constituent un seul élément actif sur le réseau.

Ce port à très haut débit permet d'interconnecter tous les ports des deux commutateurs à 160Gbit/s, comme s'ils appartenaient physiquement au même switch, alors qu'une liaison ces mêmes commutateurs serait limitée au débit du port, soit 1Gbit/s.

De même, l'interconnexion par le port dédié permet de créer un agrégat de commutateurs, adressable par une adresse IP unique.

exercice #12 Switchs empilables

Annales Licence Informatique

> Vous souhaitez utiliser deux switchs de 24 ports pour disposer de 48 ports. Ces deux switchs sont empilables (rackables).
>
> Proposez un comparatif avantages/inconvénients entre :
> ① connecter les deux switchs en cascade par un de leurs ports RJ45,
> ② empiler les deux switchs par leur port dédié.

PROPOSITION DE CORRECTION

Nous listons les avantages et inconvénients des deux solutions :

Avantages	Inconvénients
• Le port dédié très haut débit permet de constituer une pile de switchs et de la considérer comme un switch unique (une seule adresse IP)	• Les switchs empilables sont des éléments plus coûteux
• L'administration est simplifiée	• La pile possède moins de flexibilité lors de changements de schéma de câblage
• Possibilité de mettre en place de la haute disponibilité	• Le remplacement d'un des switchs de la pile est plus complexe
• Possibilité d'avoir une gestion commune de l'alimentation des switchs de la pile	La gestion centralisée peut être complexe selon la taille de la pile
• Il est possible d'adapter simplement la taille de la pile selon les besoins : ajouter ou supprimer un switch.	

exercice #13 PoE

Annales BTS SIO 2017

Utiliser documents exercice #10

Justifier dans une note adressée à la direction la présence d'un commutateur de type SW-48TE-L2 dans la pile de commutateurs SW-48T-L2.

PROPOSITION DE CORRECTION

La notice du commutateur SW-48TE-L2 mentionne que ses caractéristiques sont identiques au SW-48T-L2 avec en plus, option connexion Ethernet supportant l'alimentation via port *PoE* (*Power over Ethernet*) sur les 48 ports.

Il est intéressant d'intégrer un commutateur de ce modèle car la pile constituée permettra ainsi de proposer l'alimentation via les ports spécifiques PoE. Cette caractéristique sera utile pour la mise en place d'éléments actifs dans des zones géographiques du réseau ne permettant pas une alimentation par courant fort.

exercice #14 Architecture et DMZ

Annales Licence Informatique 2015

Document : Contexte

On considère une SSII qui développe des applications Web et mobile. Elle possède une DMZ avec un serveur Web Apache (incluant les services de bases de données) qu'elle héberge pour le compte de ses clients et un serveur mail. Elle a également un réseau interne pour les serveurs de développement (Web, BD, etc.). Les développeurs ont un réseau dédié. Un autre réseau est utilisé pour les postes administratifs. Le réseau Wifi est utilisé uniquement pour les développeurs pour les tests d'applications mobiles.

Définir l'architecture réseau en respectant la contrainte des serveurs Web de production et mail dans la DMZ. Faire un schéma de votre architecture.

PROPOSITION DE CORRECTION

Nous proposons l'architecture suivante qui respecte les contraintes, en particulier la mise en en place d'une DMZ pour le serveur Web Apache et le serveur mail.

Dans le réseau interne, les différents réseaux seront mis en place par le plan d'adressage IP.

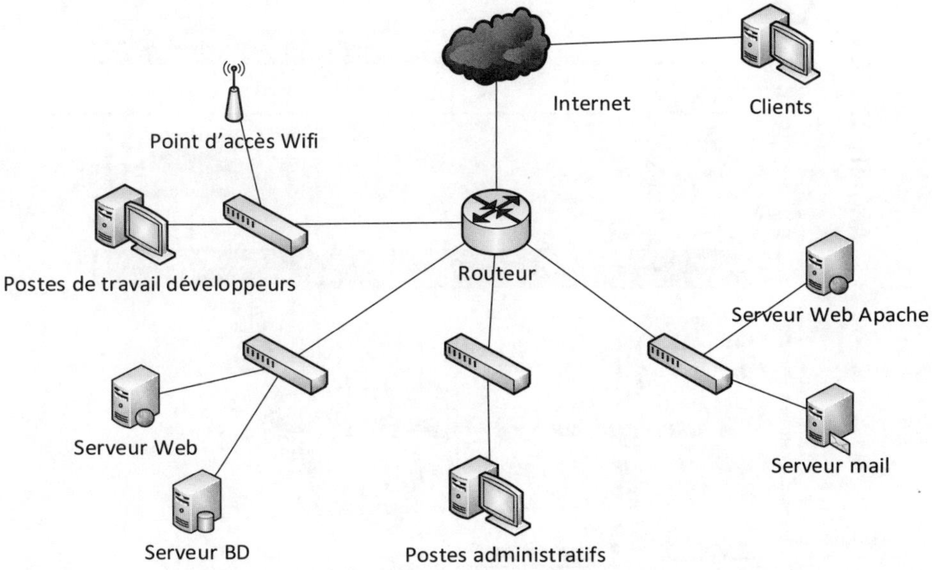

exercice #15

Passerelle

Annales BTS IRIS 2015

Document : Architecture informatique

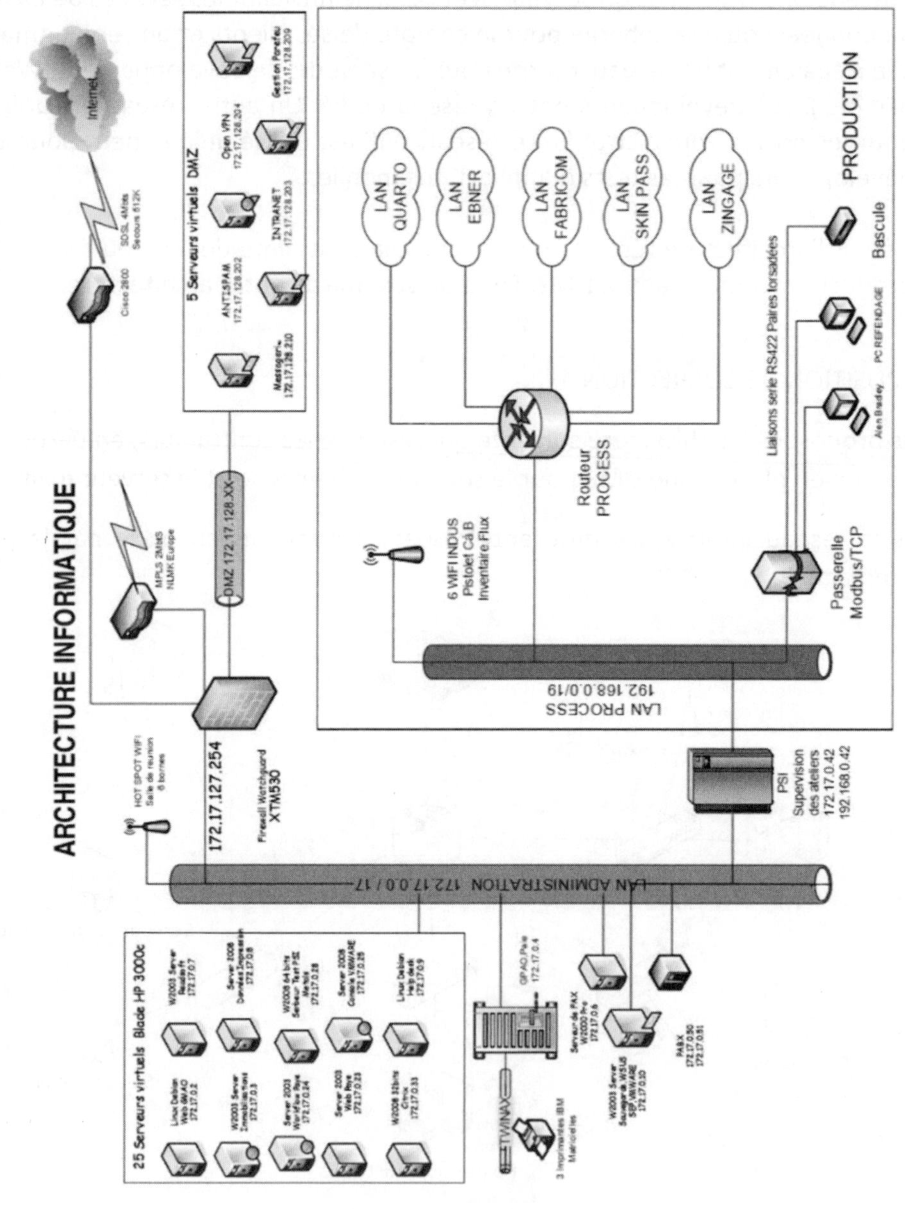

Pour l'accès au Web, la société a acquis un routeur WAN pare-feu avec un abonnement spécifique à un fournisseur Internet.

Après l'installation du routeur, il faut configurer les stations clientes.

Pour des raisons de sécurité, les stations du secteur PRODUCTION ne doivent en aucun cas avoir accès à Internet. Seules les stations du LAN ADMINISTRATION peuvent avoir accès à Internet.

Donner l'adresse de passerelle par défaut à écrire dans les paramètres réseau des stations souhaitant accéder à Internet.

PROPOSITION DE CORRECTION

Le LAN ADMINISTRATION a pour adresse 172.17.0.0. L'adresse du pare-feu sur ce réseau est 172.17.127.254.

C'est cette adresse qui est spécifiée comme passerelle pour les stations souhaitant accéder à Internet.

C'est aussi ce pare-feu qui gère les accès entrants et sortants de la DMZ.

exercice #16 DMZ

Annales BTS IRIS 2015

Utiliser document Exercice #15

Expliquer la fonction de cette zone Dmz.

PROPOSITION DE CORRECTION

La DMZ abrite des serveurs qui sont accessibles de l'intérieur (réseau 172.17.0.0) et/ou de l'extérieur (Internet ou réseau NLMK Europe).

Le pare-feu permet d'appliquer des règles de filtrage pour laisser passer ou non les trames à destination de ces réseaux en fonction de leur réseau de provenance :

- Les hôtes provenant du LAN ADMINISTRATION peuvent accéder aux serveurs de la DMZ.

- Les trames provenant d'Internet peuvent accéder aux serveurs de la DMZ.
- Les serveurs de la DMZ peuvent accéder aux hôtes du LAN ADMINSTRATION.
- Les serveurs de la DMZ peuvent accéder à Internet.
- Les autres accès sont refusés.

exercice #17 Switch/routeur

Annales DUT GEII

Quelle est la différence entre un switch et un routeur ?

PROPOSITION DE CORRECTION

Le switch et le routeur sont deux éléments d'interconnexion physique.

Le switch permet d'interconnecter des postes d'un même réseau IP. Le routeur interconnecte des réseaux IP différents : il possède donc une fonction de routage entre ces réseaux fiche #22 afin de transmettre les trames d'un réseau IP à un autre.

Le switch intervient au niveau de la couche liaison de données du modèle OSI, alors que le routeur travaille au niveau de la couche réseau fiche #1.

Protocoles

exercice #18 Classes d'adresses IPv4

À quelle classe d'adresses IP l'adresse 132.32.43.1 appartient-elle ?

PROPOSITION DE CORRECTION

Le codage binaire de 132 est 10000100, elle est donc de classe B.

exercice #19 Classes d'adresses IPv4

À quelle classe d'adresses IP l'adresse 221.16.16.127 appartient-elle ?

PROPOSITION DE CORRECTION

Le codage binaire de 221 est 11011101, elle est donc de classe C.

exercice #20 Classes d'adresses IPv4

À quelle classe d'adresses IP l'adresse 127.16.1.1 appartient-elle ?

PROPOSITION DE CORRECTION

Le codage binaire de 127 est 01111111, elle est donc de théoriquement de classe A. Cependant, les adresses dont le premier octet est 127 sont des adresses de rebouclage, correspondant à la valeur *localhost* (la machine locale). Lors d'un envoi à destination d'une adresse de rebouclage, la trame n'est pas transmise à la couche liaison de données, l'état des couches de niveau inférieur n'a aucune incidence sur cette transmission.

exercice #21 Ethernet et TCP/IP

Annales Licence Informatique 2016

Qu'apporte le protocole IP aux normes de la couche inférieure ?

PROPOSITION DE CORRECTION

Les principaux apports du protocole IP aux normes de la couche inférieure sont :

- L'adressage
  IP met en place un adressage fiche #25 de la totalité des hôtes constituant le réseau : chacun possède ainsi une adresse unique et universelle qui va être utilisée pour :
  - nommer chaque hôte de manière unique et indépendamment de l'environnement matériel et permettre l'interconnexion de structures différentes de manière transparente,
  - ajouter un premier niveau de sécurité : l'adressage IP va aussi permettre de segmenter l'infrastructure en plusieurs réseaux ou sous-réseaux.

- Le routage
  Ethernet utilise la diffusion pour transmettre les trames sur le réseau, il est donc nécessaire de mettre en place des méthodes plus évoluées de transmission de chaque trame de l'hôte source à l'hôte destinataire. IP va proposer une méthode de routage fiche #29 pour définir le chemin à emprunter pour chaque trame. IP émet les datagrammes IP en mode non connecté : chaque datagramme IP émis fera l'objet d'un routage indépendant.

exercice #22 Adressage

Annales DUT Informatique

1. Une adresse MAC est codée sur :
☐ 2 octets ☐ 4 octets ☐ 6 octets ☐ 8 octets ☐ 16 octets
2. Une adresse IPv4 est codée sur :
☐ 2 octets ☐ 4 octets ☐ 6 octets ☐ 8 octets ☐ 16 octets
3. Une adresse IPv6 est codée sur :
☐ 2 octets ☐ 4 octets ☐ 6 octets ☐ 8 octets ☐ 16 octets

PROPOSITION DE CORRECTION

1. Une adresse MAC fiche #9 est codée sur :
☐ 2 octets ☐ 4 octets ☑ 6 octets ☐ 8 octets ☐ 16 octets

2. Une adresse IPv4 fiche #25 est codée sur :
☐ 2 octets ☑ 4 octets ☐ 6 octets ☐ 8 octets ☐ 16 octets

3. Une adresse IPv6 fiche #31 est codée sur :
☐ 2 octets ☐ 4 octets ☑ 6 octets ☐ 8 octets ☑ 16 octets

exercice #23 Classes d'adresses IP

> À partir de la définition des classes d'adresses IP fiche #25, donner les calculs qui permettent d'encadrer la plage d'adresses correspondant à la classe C, en notation décimale pointée.

PROPOSITION DE CORRECTION

La caractéristique d'une adresse IP de classe C est que sa forme binaire débute par 110.

La plage correspondant à cette classe sera donc :

de 11000000.00000000.00000000.00000001 (nous enlevons l'adresse où tous bits de oID, ici le dernier octet, sont à 0, ce qui désignerait l'adresse du réseau)

à 11011111.11111111.11111111.11111110 (nous enlevons l'adresse où tous bits de oID sont à 1, ce qui désignerait l'adresse de diffusion (broadcast) sur ce réseau),

Pour obtenir la notation décimale pointée, nous transformons chaque octet des adresses ci-dessus en un nombre (compris entre 0 et 255) : la plage correspondant à la classe C est donc :

de 192.0.0.1 à 223.255.255.254

exercice #24 Masque de sous-réseau

Document : Paramétrage IP

Le paramétrage de l'adressage IP du poste de travail Poste_1 est le suivant :

	Poste_1	Serveur_1
Adresse IP	192.168.7.7	192.168.7.70
Masque de sous-réseau	255.255.255.192	255.255.255.192
Passerelle	192.168.7.63	192.168.7.63

1. Combien de sous-réseaux peuvent-ils être définis par le masque de sous-réseau en place ?
2. Combien de postes de travail peut-on intégrer dans chacun de ces sous-réseaux ?
2. Poste_1 et Serveur_1 sont-ils sur le même sous-réseau ?

PROPOSITION DE CORRECTION

1. Le masque de sous-réseau fiche #26 en place est 255.255.255.192. Sa forme binaire est 11111111.11111111.11111111.11000000.

Dans le masque standard de classe C 255.255.255.0 (qui ne permet de définir aucun sous-réseau), le dernier octet est 00000000. Par comparaison avec celui-ci, nous notons que les 2 premiers bits de l'identifiant d'ordinateur oID ont été réservés pour l'adressage des sous-réseaux.

Sur 2 bits, il est possible de définir 4 sous-réseaux différents : 00, 01, 10, 11

2. Sur les 6 bits restant pour oID, il est possible d'adresser $2^6 - 2$ ordinateurs (on ne compte pas l'adresse du sous-réseau 000000 et l'adresse de diffusion (broadcast) sur ce sous-réseau), soit 62 adresses possibles.

3. Si nous transformons en binaire la partie de l'adresse correspondant au sous-réseau et à l'identifiant d'ordinateur, c'est-à-dire le dernier octet de chaque adresse, nous obtenons :

Poste_1 : 00000111 Serveur_1 : 01000110

Les 2 premiers octets sont différents (00 pour Poste_1 et 01 pour Serveur_1), Poste_1 et Serveur_1 ne sont pas sur le même réseau IP.

exercice #25 Masque de sous-réseau

Document : Paramétrage IP

Le paramétrage de l'adressage IP du poste de travail Poste_2 est le suivant :

Adresse IP	170.8.1.7
Masque de sous-réseau	255.255.128.0
Passerelle	170.8.1.126

1. Combien de sous-réseaux sont-ils définis par le masque de sous-réseau en place ?
2. Combien de postes de travail peuvent-ils être adressés dans chacun de ces sous-réseaux ?
3. Quelle est la plage d'adresses qui peuvent être attribuées pour chaque sous-réseau ?

PROPOSITION DE CORRECTION

1. L'adresse du poste est de classe B fiche #25. Le masque standard serait 255.255.0.0. Nous observons que le 3ème octet a réservé 1 bit pour la création de sous-réseaux.

Sur 1 bit, 2 sous-réseaux peuvent être définis (0 ou 1).

2. Il reste 7 bits sur le 3ème octet et 8 bits sur le 4ème octet pour adresser l'ordinateur dans le sous-réseau, d'où $2^{(7+8)} - 2$ adresses possibles, soit 32766 adresses.

3. Les plages d'adresses attribuables sont :

Sous réseau 1 : identifiant de sous-réseau à 0	
de 10101010.00001000.00000000.00000001	à 10101010.00001000.01111111.11111110
de 170.8.0.1	à 170.8.127.254
Sous-réseau 2 : identifiant de sous-réseau à 1	
de 10101010.00001000.10000000.00000001	à 10101010.00001000.11111111.11111110
de 170.8.128.1	à 170.8.255.254

exercice #26 Adressage IP

Annales BTS SN IR 2016

Document : Schéma réseau

L'infrastructure étudiée est la suivante :

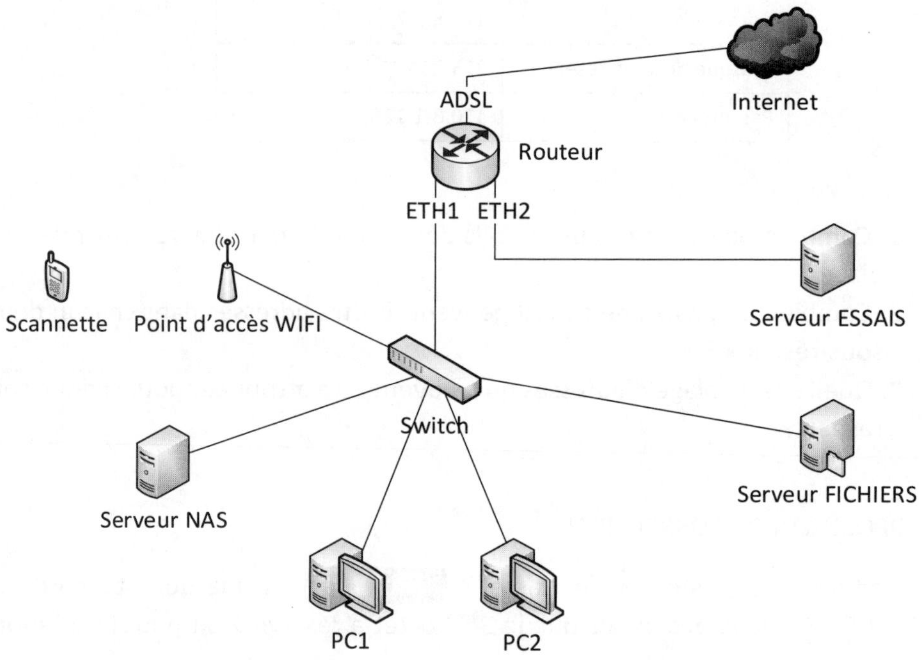

Document : Document réponses

	Adresse IP	Masque de sous réseau	Passerelle par défaut
Routeur Interface ADSL	80.86.125.34	/23	80.86.124.1
Routeur Interface ETH 1			X (*)
Routeur Interface ETH 2			X (*)
Serveur ESSAIS			
Serveur FICHIERS			
Serveur NAS			
PC1			
PC2			
Point Acces Wifi			
Scannette Wifi			

(*) : Ce paramètre est déjà défini. Le routeur n'a qu'une seule passerelle par défaut.

Le plan d'adressage prévoit 2 réseaux locaux IPV4 :

- Le réseau local LAN en 192.168.1.0/24
- La DMZ en 192.168.2.0/24

Compléter le tableau du document réponses en donnant les paramètres réseau des différents éléments :

- adresse IP (à choisir en respectant le plan d'adressage prévu),
- masque de sous réseau,
- passerelle.

PROPOSITION DE CORRECTION

Les deux PC, le serveur FICHIERS, l'interface ETH1 du routeur, le point d'accès Wifi, la scannette, le serveur NAS appartiennent au réseau local, d'adresse 192.168.1.0/24. Nous pouvons leur affecter n'importe quelle adresse dans ce réseau, c'est-à-dire une adresse de la forme 192.168.1.*oID*, avec *oID* compris entre 1 et 254.

Le Serveur ESSAIS et l'interface ETH2 du routeur appartiennent à la DMZ, d'adresse 192.168.2.0/24. Nous pouvons leur affecter n'importe quelle adresse dans ce réseau, c'est-à-dire une adresse de la forme 192.168.2.*oID*, avec *oID* compris entre 1 et 254.

Nous pouvons proposer les adresses suivantes :

	Adresse IP	Masque de sous réseau	Passerelle par défaut
Routeur Interface ADSL	80.86.125.34	/23	80.86.124.1
Routeur Interface ETH 1	192.168.1.254	/24	X (*)
Routeur Interface ETH 2	192.168.2.254	/24	X (*)
Serveur ESSAIS	192.168.1.100	/24	192.168.2.254
Serveur FICHIERS	192.168.2.100	/24	192.168.1.254
Serveur NAS	192.168.1.101	/24	192.168.1.254
PC1	192.168.1.1	/24	192.168.1.254
PC2	192.168.1.2	/24	192.168.1.254
Point Acces Wifi	192.168.1.3	/24	192.168.1.254
Scannette Wifi	192.168.1.4	/24	192.168.1.254

exercice #27 Masque de sous-réseau

Annales BTS SN IR 2016

Utiliser document exercice #26

L'entreprise souhaite séparer la partie administrative de la partie production. Elle décide de scinder le réseau LAN en 2 sous-réseaux de taille identique.

1. Donner le nombre de bits de la partie 'host' et la valeur du masque de sous-réseau correspondant (en notation décimale pointée).
2. Donner le nombre maximal d'hôtes adressables par sous-réseau avec ce découpage.

PROPOSITION DE CORRECTION

1. Le réseau local a pour adresse 192.168.1.0/24. Il est donc de classe d'adresses IP C fiche #25, avec un masque simple /24 fiche #28 qui ne met pas en place pas de sous-réseau.

L'entreprise souhaite créer 2 sous-réseaux : pour coder en binaire 2 identifiants de sous-réseaux, nous avons besoins de réserver 1 bit dans *oID*, et ainsi de définir le masque de sous-réseau /25.
En binaire, ce masque est : 11111111.11111111.11111111.10000000, qui correspond à la notation décimale pointé 255.255.255.128.

2. Il reste 7 bits pour *oID*.

Sur ces 7 bits, nous pouvons coder 2^7 possibilités théoriques.

Dans la pratique, 2 adresses ne sont pas utilisables pour adresser un hôte dans un sous-réseau :

- les adresses *oID* « tout à 0 » (adresse du sous-réseau),
- les adresses « tout à 1 » (adresse de diffusion sur le sous-réseau).

Il reste donc $2^7 - 2$ hôtes adressables.

exercice #28 Adresses de base et de diffusion

Annales BTS SN IR 2016

Utiliser solution exercice #27

Donner pour chaque sous-réseau son adresse de base et son adresse de diffusion.

PROPOSITION DE CORRECTION

Nous avons défini 2 sous-réseaux dans le réseau 192.168.1.0/25.

Pour le sous-réseau 1 :

L'identifiant (en binaire) de sous-réseau est 0 : dans la forme binaire de l'adresse, le 25ème bit est donc 0.

L'adresse de base est définie en positionnant à 0 tous les bits de l'*oID* (les 7 derniers bits) : le 4ème octet est donc 00000000. L'adresse de base du premier sous-réseau est donc 192.168.1.0.

L'adresse de diffusion est définie en positionnant à 1 tous les bits de l'*oID* : le 4ème octet est donc 01111111. L'adresse de base du premier sous-réseau est donc 192.168.1.127.

Pour le sous-réseau 2 :

L'identifiant (en binaire) de sous-réseau est 1 : dans la forme binaire de l'adresse, le 25ème bit est donc 1.

Le 4ème octet de l'adresse de base est donc 10000000. L'adresse de base du second sous-réseau est donc 192.168.1.128.

Le 4ème octet de l'adresse de diffusion est donc 11111111. L'adresse de diffusion du second sous-réseau est donc 192.168.1.255.

exercice #29 Masque de sous-réseau

Annales BTS IRIS 2015

> Les sous-réseaux du secteur PRODUCTION font partie d'un même bloc d'adresses 192.168.0.0/16.
> Ce bloc d'adresses est découpé en plusieurs sous-réseaux de masque /19.
>
> Exprimer les masques en binaire et en décimal pointé.

PROPOSITION DE CORRECTION

Le masque du bloc d'adresses 192.168.0.0/16 fiche #28 en binaire est :

11111111.11111111.00000000.00000000,

soit en décimal pointé : 255.255.0.0.

Le masque appliqué pour les sous-réseaux est /19, soit :

11111111.11111111.11100000.00000000,

soit en décimal pointé : 255.255.224.0.

exercice #30 Masque de sous-réseau

Annales BTS IRIS 2015

> Avec un masque /19, combien de sous-réseaux est-il possible de découper dans le bloc d'adresses /16 ? Justifier votre réponse.

PROPOSITION DE CORRECTION

Avec le masque /19 fiche #28, 3 bits supplémentaires sont affectés à l'identifiant de réseau du bloc d'adresses /16. Il est donc possible de découper 2^3, soit 8 sous-réseaux.

exercice #31 Masque de sous-réseaux

Annales DUT GEII

Soit le masque de réseau : 255.255.255.240. Les machines dont les adresses sont 192.168.42.65 et 192.168.42.12 appartiennent elles au même sous-réseau au regard de ce masque ? Justifiez votre réponse.

PROPOSITION DE CORRECTION

La forme binaire de ce masque est 11111111.11111111.11111111.11110000. Les adresses 192.168.42.65 et 193.168.42.12 sont de classes C. Le masque définit donc un adressage des sous-réseaux sur les 4 premiers bits du 4ème octet.

Dans l'adresse 192.168.42.65, la forme binaire du dernier octet est 01000001, la machine appartient donc au sous-réseau 0100.

De même, dans l'adresse 192.168.42.12, la forme binaire du dernier octet est 00001100, la machine appartient au sous-réseau 0000.

Ces deux machines n'appartiennent pas au même sous-réseau.

exercice #32 Adressage IP

Annales DUT Informatique

Un poste de travail a les paramètres suivants :

Adresse IP	194.16.16.160
Masque de sous-réseau	255.255.255.224

Donnez l'adresse du réseau, l'adresse du poste de travail dans ce réseau et le nombre d'adresses utilisables dans ce réseau.

PROPOSITION DE CORRECTION

La forme binaire de ce masque est 11111111.11111111.11111111.11100000.

L'adresse est de classe C, le masque définit donc un adressage des sous-réseaux sur les 3 premiers bits du dernier octet.

Dans l'adresse 194.16.16.161, le dernier octet est 10100001. Le 4ème octet de l'adresse du sous-réseau est 10100000, soit 160. L'adresse du sous-réseau est donc 194.16.16.160.

Dans l'adresse 194.16.16.161, le dernier octet est 10100001. Les 5 derniers bits sont 00001, ce qui donne 1 en forme décimale. L'adresse de la machine sur le sous-réseau est donc 1.

Le masque spécifie que 5 bits sont utilisés pour adresser les machines dans le sous-réseau, ce sous-réseau peut donc contenir un nombre maximal de 2^5-2, soit 30 machines.

exercice #33 Sous-réseaux

Annales BTS IRIS 2015

Document : Document réponse

Nom	*Adresse Sous réseau*	*Adresse de début* *Adresse de fin*	*Broadcast*
PROCESS			
Quarto			
Ebner			
Skin Pass			
Fabricom			
Zingage			

Utiliser résultats exercice #30

Avec le découpage obtenu, les 6 premiers sous-réseaux sont alloués aux sous-réseaux du secteur PRODUCTION.

Pour chacun des sous-réseaux, donner l'adresse du sous-réseau, la plage d'adresses utilisables et l'adresse de diffusion.
Compléter le tableau dans le document réponse.

PROPOSITION DE CORRECTION

Pour faire les calculs, nous utilisons la forme binaire du masque, et plus particulièrement du 3ème octet fiche #26.

Pour l'adresse de réseau, nous complétons dans l'adresse les bits restants (les 13 derniers bits) à 0.

Pour l'adresse la plus basse de la plage d'adresses utilisables, nous complétons les bits restants à 0, sauf le dernier que nous plaçons à 1.

Pour l'adresse la plus haute de la plage d'adresses, nous complétons les bits restants à 1, sauf le dernier que nous plaçons à 0.

Pour l'adresse de diffusion, nous complétons les bits restants à 1.

Ces valeurs sont synthétisées dans le tableau suivant (pour chaque calcul, nous ne notons que les 2 derniers octets de chaque adresse) :

Nom	***Adresse Sous réseau***	***Adresse de début*** ***Adresse de fin***	***Broadcast***
PROCESS 000	00000000.00000000 192.168.0.0	00000000.00000001 192.168.0.1 00011111.11111110 192.168.31.254	00011111.11111111 192.168.31.255
Quarto 001	00100000.00000000 192.168.32.0	00100000.00000001 192.168.32.1 00111111.11111110 193.168.63.254	00111111.11111111 192.168.63.255
Ebner 010	01000000.00000000 192.168.64.0	01000000.00000001 192.168.64.1 01011111.11111110 193.168.95.254	01011111.11111111 192.168.95.255
Skin Pass 011	01100000.00000000 192.168.96.0	01100000.00000001 192.168.96.1 01111111.11111110 192.168.127.254	01111111.11111111 192.168.127.255
Fabricom 100	10000000.00000000 192.168.128.0	10000000.00000001 192.168.128.1 10011111.11111110 192.168.159.254	10011111.11111111 192.168.159.255
Zingage 101	10100000.00000000 192.168.160.0	10111111.00000001 192.168.160.1 10111111.11111110 192.168.191.254	10111111.11111111 192.168.191.255

exercice #34 Plan d'adressage IP

Annales Licence Informatique 2015

Document : Contexte

On considère une SSII qui développe des applications Web et mobile. Elle possède une DMZ avec un serveur Web Apache (incluant les services de bases de données) qu'elle héberge pour le compte de ses clients et un serveur mail. Elle a également un réseau interne pour les serveurs de développement (Web, BD, etc.). Les développeurs ont un réseau dédié. Un autre réseau est utilisé pour les postes administratifs. Le réseau Wifi est utilisé uniquement pour les développeurs pour les tests d'applications mobiles.

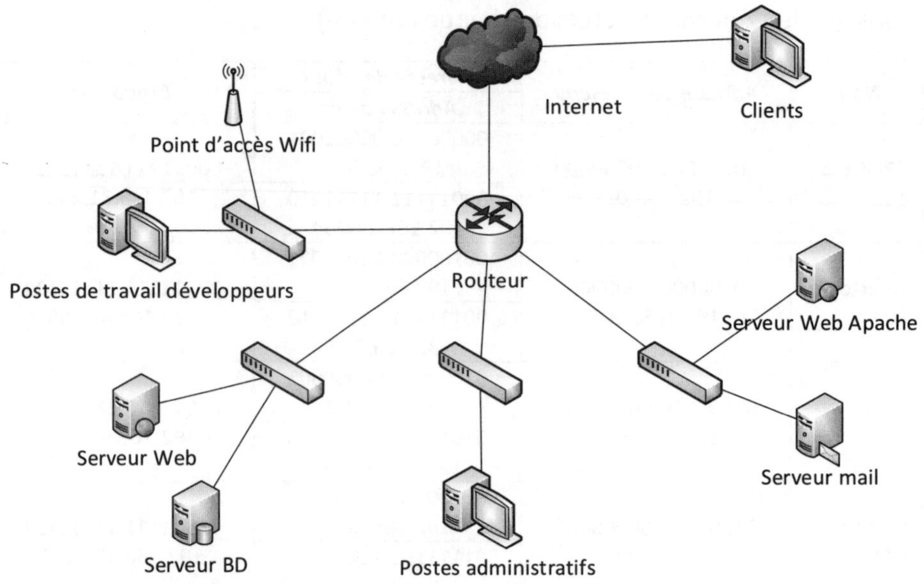

Définir le plan d'adressage.

PROPOSITION DE CORRECTION

D'après le sujet, l'architecture du réseau de la SSII présente 4 réseaux physiquement distincts. Nous proposons de mettre en place 4 sous-réseaux IP pour répartir les adresses selon les 4 réseaux souhaités.

Nous choisissons arbitrairement l'adresse 192.168.0.0 comme adresse du réseau.

Pour mettre en place 4 sous-réseaux fiche #26, nous choisissons le masque de sous-réseau 255.255.255.192 (le dernier octet est 11000000 en notation binaire, ce qui spécifie que les 2 premiers bits de cet octet seront utilisés pour coder le sous-réseau).

Les plages d'adresses disponibles pour chacun des quatre sous-réseaux sont :

Sous-réseau	Adresse la plus basse	Adresse la plus haute
00	192.168.0.00000001 192.168.0.1	192.168.0.00111110 192.168.0.62
01	192.168.0.01000001 192.168.0.65	192.168.0.01111110 192.168.0.126
10	192.168.0.10000001 192.168.0.129	192.168.0.10111110 192.168.0.190
11	192.168.0.11000001 192.168.0.193	192.168.0.11111110 192.168.0.254

Pour chaque sous-réseau, nous ne pouvons pas distribuer l'adresse dont l'*oID* n'est constitué que de 0 (adresse du sous-réseau) ou constitué que de 1 (adresse de diffusion sur le sous-réseau).

Nous proposons le plan d'adressage suivant :

- DMZ : sous-réseau 192.168.0.0
  Serveur Web Apache : 192.168.0.1
  Serveur mail : 192.168.0.2
- Postes de travail développeurs : sous-réseau 192.168.0.64
  Adresses à partir de 192.168.0.65
  Point d'accès Wifi : 192.168.0.80
- Serveurs : sous-réseau 192.168.0.128
  Serveur Web : 192.168.0.129
  Serveur BD : 192.168.0.130
- Postes administratifs : sous-réseau 192.168.0.192
  Adresses à partir de 192.168.0.193
- Interface connectée à Internet : nous choisissons une adresse sur un autre réseau : 7.0.0.1.

exercice #35 Adressage IP

Annales Bac+3 CDI

Proposez un masque de sous-réseau qui permette de mettre en place 6 sous-réseaux dans le réseau 192.32.43.0.
Donnez pour chacun son adresse, la plage d'adresses utilisables et l'adresse de diffusion.

PROPOSITION DE CORRECTION

Pour coder 6 valeurs de sous-réseau fiche #26, nous avons besoin de 3 bits (8 sous-réseaux sont possibles, mais dans cet exercice nous n'en avons besoin que de 6). Le masque sera alors /27 fiche #28, 3 bits seront réservés dans l'oID pour coder le sous-réseau. Le quatrième octet du masque sera 11100000, c'est à dire 224 en notation décimale. Le masque à mettre en place sera donc 255.255.255.224.

Les caractéristiques de chacun des 6 sous-réseaux seront les suivantes :

Sous-réseau	Adresse du réseau	Adresse la plus basse de la plage	Adresse la plus haute de la plage	Adresse de diffusion
000	4ème octet : 00000000 192.32.43.0	4ème octet : 00000001 192.32.43.1	4ème octet : 00011110 192.32.43.30	4ème octet : 00011111 192.32.43.31
001	4ème octet : 00100000 192.32.43.32	4ème octet : 00100001 192.32.43.33	4ème octet : 00111110 192.32.43.62	4ème octet : 00111111 192.32.43.63
010	4ème octet : 01000000 192.32.43.64	4ème octet : 01000001 192.32.43.65	4ème octet : 01011110 192.32.43.94	4ème octet : 01011111 192.32.43.95
011	4ème octet : 01100000 192.32.43.96	4ème octet : 01100001 192.32.43.97	4ème octet : 01111110 192.32.43.126	4ème octet : 01111111 192.32.43.127
100	4ème octet : 10000000 192.32.43.128	4ème octet : 10000001 192.32.43.129	4ème octet : 10011110 192.32.43.158	4ème octet : 10011111 192.32.43.159
101	4ème octet : 10100000 192.32.43.160	4ème octet : 10100001 192.32.43.161	4ème octet : 10111110 192.32.43.190	4ème octet : 10111111 192.32.43.191

exercice #36 Adressage IP

Annales Licence Informatique 2016

> Divisez la classe d'adresse 193.52.53.0/24 en 5 sous-réseaux, pour chacun, donnez l'adresse du réseau, le masque, l'adresse de diffusion et la plage d'adresses disponibles pour les machines.

PROPOSITION DE CORRECTION

Pour coder 5 valeurs de sous-réseau fiche #26, nous avons besoin de 3 bits (8 sous-réseaux sont possibles, mais dans cet exercice nous n'en avons besoin que de 5) : le masque sera alors /27, 3 bits seront réservés dans l'*oID* pour coder le sous-réseau.

Le quatrième octet du masque sera 11100000, c'est à dire 224 en notation décimale. Le masque à mettre en place sera donc 255.255.255.224.

Les caractéristiques de chacun des 5 sous-réseaux seront les suivantes :

Sous-réseau	Adresse du réseau	masque	Adresse de diffusion
000	4ème octet : 00000000 193.52.53.0	255.255.255.224	4ème octet : 00011111 193.52.53.31
001	4ème octet : 00100000 193.52.53.32	255.255.255.224	4ème octet : 00111111 193.52.53.63
010	4ème octet : 01000000 193.52.53.64	255.255.255.224	4ème octet : 01011111 193.52.53.95
011	4ème octet : 01100000 193.52.53.96	255.255.255.224	4ème octet : 01111111 193.52.53.127
100	4ème octet : 10000000 193.52.53.128	255.255.255.224	4ème octet : 10011111 193.52.53.159

Sous-réseau	Adresse la plus basse de la plage	Adresse la plus haute de la plage
000	4ème octet : 00000001 193.52.53.1	4ème octet : 00011110 193.52.53.30
001	4ème octet : 00100001 193.52.53.33	4ème octet : 00111110 193.52.53.62
010	4ème octet : 01000001 193.52.53.65	4ème octet : 01011110 193.52.53.94
011	4ème octet : 01100001 193.52.53.97	4ème octet : 01111110 193.52.53.126
100	4ème octet : 10000001 193.52.53.129	4ème octet : 10011110 193.52.53.158

exercice #37 RIP

Annales DUT Informatique

Document : Table de routage

Un routeur a la table de routage suivante :

Adresse de destination	Masque de sous-réseau	Passerelle	Interface	Vecteur de distance
127.0.0.0	255.0.0.0	127.0.0.1	127.0.0.1	1
192.168.1.0	255.255.255.0	192.168.1.132	192.168.1.132	1
10.32.0.0	255.255.255.0	10.32.0.132	10.32.0.132	1
212.1.1.0	255.255.255.0	10.32.0.133	10.32.0.132	2
160.160.0.0	255.255.0.0	192.168.1.102	192.168.1.132	5
Default 0.0.0.0	0.0.0.0	192.168.1.160	192.168.1.132	1

Donner le message RIP émis par ce routeur.

PROPOSITION DE CORRECTION

Un message RIP fiche #29 est émis par chaque routeur pour transmettre à ses voisins (les routeurs qui sont directement accessibles par ses interfaces) la liste des réseaux pour lesquels il possède une route dans sa table.

Le message RIP émis par le routeur est :

Routeur	Vecteur de distance
192.168.1.0	1
10.32.0.0	1
212.1.1.0	2
160.160.0.0	5

exercice #38 RIP

Annales DUT Informatique

Document : Table de routage

Un routeur a la table de routage suivante :

Adresse de destination	Masque de sous-réseau	Passerelle	Interface	Vecteur de distance
127.0.0.0	255.0.0.0	127.0.0.1	127.0.0.1	1
192.168.1.0	255.255.255.0	192.168.1.16	192.168.1.21	1
160.1.1.0	255.255.255.0	160.1.1.254	160.1.1.254	1
160.1.2.0	255.255.255.0	160.1.1.253	160.1.1.254	3
160.1.3.0	255.255.255.0	160.1.1.253	160.1.1.254	2
Default 0.0.0.0	0.0.0.0	192.168.1.17	192.168.1.21	1

Donner le message RIP émis par ce routeur.

PROPOSITION DE CORRECTION

Un message RIP fiche #29 est émis par chaque routeur pour transmettre à ses voisins la liste des réseaux pour lesquels il possède une route dans sa table.

Le message RIP émis par le routeur est :

Routeur	Vecteur de distance
192.168.1.0	1
160.1.1.0	1
160.1.2.0	3
160.1.3.0	2

exercice #39 Table de routage

Document : Structure du réseau

Soit le réseau suivant :

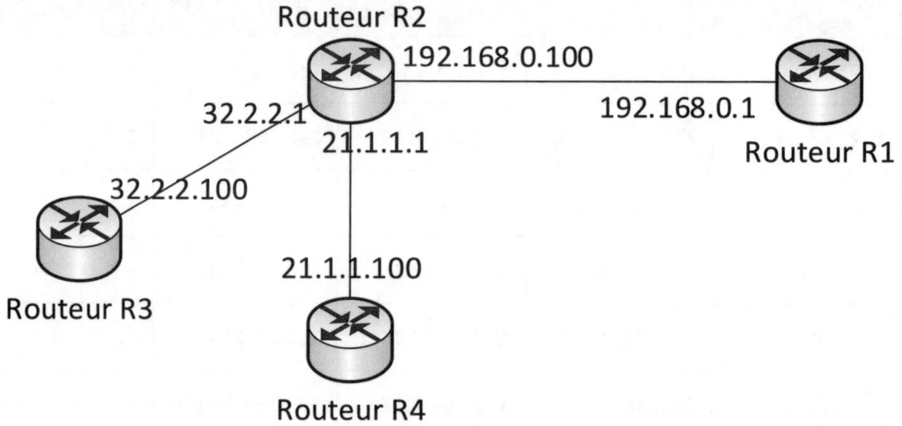

Donner la table de routage du routeur R1.

PROPOSITION DE CORRECTION

La table de routage fiche #29 liste les routes d'accès à chaque réseau. Un routeur n'a pas obligatoirement de route vers chaque réseau, mais une route par défaut permet de transmettre les datagrammes destinés à des réseaux pour lesquels il ne connaît pas de route.

Une table de routage de R1 peut être :

Adresse de destination	Masque de sous-réseau	Passerelle	Interface	Vecteur de distance
127.0.0.0	255.0.0.0	127.0.0.1	127.0.0.1	1
192.168.0.0	255.255.255.0	192.168.0.1	192.168.0.1	1
21.0.0.0	255.0.0.0	192.168.0.100	192.168.0.1	2
32.0.0.0	255.0.0.0	192.168.0.100	192.168.0.1	2
0.0.0.0	0.0.0.0	192.168.0.100	192.168.0.1	1

exercice #40 Table de routage

Annales BTS SIO

Document : Structure du réseau

Soit le réseau suivant :

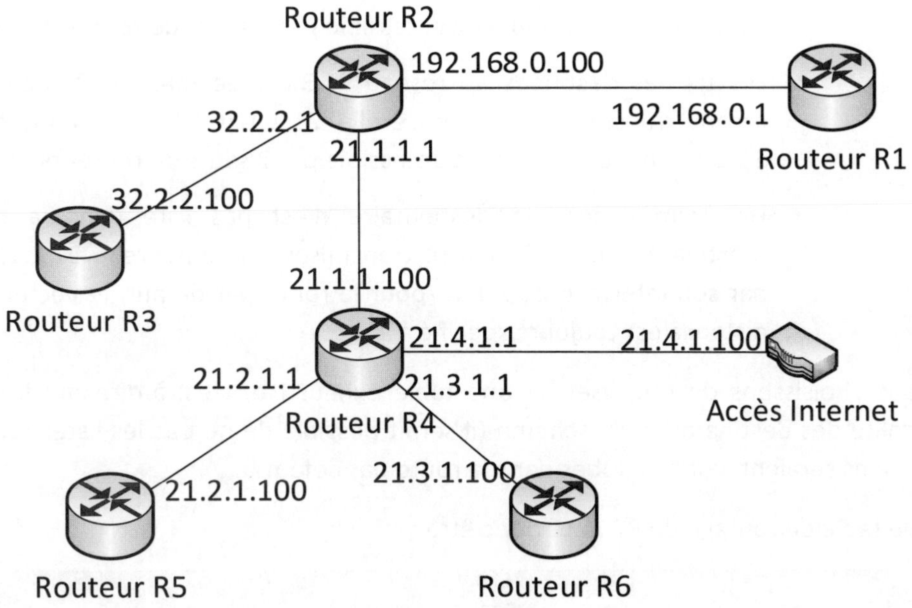

Donner la table de routage RIP du routeur R2.

PROPOSITION DE CORRECTION

La table de routage RIP fiche #29 stocke les chemins vers les destinations qu'il connaît, chacune de ces routes étant définie par 4 champs.

Nous devons proposer une route vers chaque réseau, et ajouter une route par défaut qui sera utilisée pour émettre tous les datagrammes dont le destinataire n'est pas listé dans la table.

Prenons quelques exemples pour le routeur R2 :

- Les trames destinées au réseau 32.0.0.0 de masque 255.0.0.0 seront transmises à la passerelle 32.2.2.1, c'est-à-dire sa propre interface

32.2.2.1, et ce réseau sera accessible directement sur cette interface (vecteur de saut à 1).

- Les trames destinées au réseau 21.1.0.0 de masque 255.255.0.0 (ce destinataire est donc ici un sous-réseau) seront transmises à la passerelle 21.1.1.1, ici aussi sa propre interface 21.1.1.1 pour un réseau accessible directement sur cette interface.
- Les trames destinées au réseau 21.2.0.0 de masque 255.255.0.0 seront transmises à la passerelle 21.1.1.100, par son interface 21.1.1.1, et ce réseau sera accessible par 2 sauts de routeurs.
- Les trames destinées au réseau 21.3.0.0 de masque 255.255.0.0 seront transmises à la passerelle 21.1.1.100, par son interface 21.1.1.1, et ce réseau sera accessible par 2 sauts de routeurs.
- Les trames dont le destinataire n'est pas listé dans la table (destinataire 0.0.0.0) seront transmises à la passerelle 21.1.1.100, par son interface 21.1.1.1. (pour la route par défaut, le vecteur de distance est toujours spécifié à 1).

Nous choisissons de proposer ici une table exhaustive, c'est-à-dire qui liste la totalité des destinataires du schéma (il serait possible de ne pas les lister toutes, certains seraient alors englobés dans la route par défaut).

Une table de routage de R2 peut donc être :

Adresse de destination	Masque de sous-réseau	Passerelle	Interface	Vecteur de distance
127.0.0.0	255.0.0.0	32.2.2.1	32.2.2.1	1
32.0.0.0	255.0.0.0	192.168.0.100	192.168.0.1	1
21.1.0.0	255.255.0.0	21.1.1.1	21.1.1.1	1
21.2.0.0	255.255.0.0	21.1.1.100	21.1.1.1	2
21.3.0.0	255.255.0.0	21.1.1.100	21.1.1.1	2
21.4.0.0	255.255.0.0	21.1.1.100	21.1.1.1	1
192.168.0.0	255.255.255.0	192.168.0.100	192.168.0.100	1
0.0.0.0	0.0.0.0	21.1.1.100	21.1.1.1	1

exercice #41 Table de routage

Annales BTS SIO

Utiliser document exercice #40.

Donner la table de routage du routeur R4.

PROPOSITION DE CORRECTION

Prenons quelques exemples pour le routeur R4 :

- Les trames destinées au réseau 21.2.0.0 de masque 255.255.0.0 seront transmises à la passerelle 21.2.1.1, c'est-à-dire sa propre interface 21.2.1.1, et ce réseau sera accessible directement sur cette interface (vecteur de saut à 1).
- Les trames destinées au réseau 192.168.0.0 de masque 255.255.255.0 seront transmises à la passerelle 21.1.1.1, par son interface 21.1.1.100, et ce réseau sera accessible par 2 sauts de routeurs.
- Les trames dont le destinataire n'est pas listé dans la table (destinataire 0.0.0.0) seront transmises à la passerelle 21.4.1.100, par son interface 21.4.1.1. (pour la route par défaut, le vecteur de distance est toujours spécifié à 1).

Une table de routage de R4 peut donc être :

Adresse de destination	Masque de sous-réseau	Passerelle	Interface	Vecteur de distance
127.0.0.0	255.0.0.0	127.0.0.100	127.0.0.100	1
21.2.0.0	255.255.0.0	21.2.1.1	21.2.1.1	1
21.3.0.0	255.255.0.0	21.3.1.1	21.3.1.1	1
21.4.0.0	255.255.0.0	21.4.1.1	21.4.1.1	1
21.1.0.0	255.255.0.0	21.1.1.1	21.1.1.1	1
192.168.0.0	255.255.255.0	21.1.1.1	21.1.1.100	2
32.0.0.0	255.0.0.0	21.1.1.1	21.1.1.100	2
0.0.0.0	0.0.0.0	21.4.1.100	21.4.1.1	1

exercice #42 Table de routage

Annales BTS SIO

Utiliser document exercice #40.

Donner la table de routage du routeur R6.

PROPOSITION DE CORRECTION

Prenons quelques exemples pour le routeur R4 :

- Les trames destinées au réseau 21.2.0.0 de masque 255.255.0.0 seront transmises à la passerelle 21.3.1.1, par son interface 21.3.1.100, et ce réseau sera accessible par 2 sauts de routeurs.
- Les trames destinées au réseau 21.3.0.0 de masque 255.255.0.0 seront transmises à la passerelle 21.3.1.100, c'est-à-dire sa propre interface 21.3.1.100, et ce réseau sera accessible directement sur cette interface (vecteur de saut à 1).
- Les trames destinées au réseau 192.168.0.0 de masque 255.255.255.0 seront transmises à la passerelle 21.3.1.1, par son interface 21.3.1.100, et ce réseau sera accessible par 3 sauts de routeurs.
- Les trames dont le destinataire n'est pas listé dans la table (destinataire 0.0.0.0) seront transmises à la passerelle 21.3.1.1, par son interface 21.3.1.100. (pour la route par défaut, le vecteur de distance est toujours spécifié à 1).

Une table de routage de R6 peut donc être :

Adresse de destination	Masque de sous-réseau	Passerelle	Interface	Vecteur de distance
127.0.0.0	255.0.0.0	127.0.0.100	127.0.0.100	1
21.2.0.0	255.255.0.0	21.3.1.1	21.3.1.100	2
21.3.0.0	255.255.0.0	21.3.1.100	21.3.1.100	1
21.4.0.0	255.255.0.0	21.3.1.1	21.3.1.100	1
21.1.0.0	255.255.0.0	21.3.1.1	21.3.1.100	2
192.168.0.0	255.255.255.0	21.3.1.1	21.3.1.100	3
32.0.0.0	255.0.0.0	21.3.1.1	21.3.1.100	3
0.0.0.0	0.0.0.0	21.3.1.1	21.3.1.100	1

exercice #43 Table de routage

Annales BTS IRIS 2015

Utiliser Document exercice #15.

Le serveur PSI peut effectuer du routage IP entre le LAN ADMINISTRATION et le LAN PROCESS.

Renseigner l'entrée de table de routage d'un hôte du LAN ADMINISTRATION afin de joindre tout hôte du LAN PROCESS.

PROPOSITION DE CORRECTION

Nous extrayons de l'architecture la partie concernant l'interconnexion des deux réseaux par le serveur PSI, qui effectue la fonction de routage.

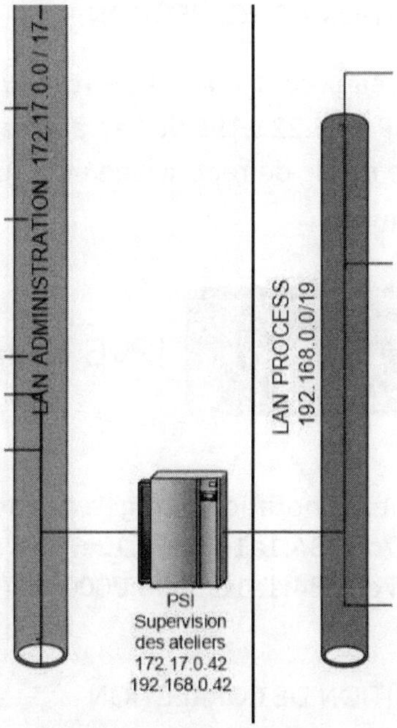

Pour cet exercice, nous choisissons arbitrairement l'hôte 172.17.0.2.

Dans sa table de routage, nous ajoutons l'entrée fiche #29 correspondant au LAN PROCESS : pour joindre ce LAN 192.168.0.0, l'hôte 172.17.0.2 émet ses trames à destination du serveur PSI 172.17.0.42 via son interface 172.17.0.2.

Adresse de destination	Masque de sous-réseau	Passerelle	Interface	Vecteur de distance
192.168.0.0	255.255.224.0	172.17.0.42	172.17.0.2	1

exercice #44 Routage

Annales DUT GEII

Document : Un routeur contient la table de routage suivante :

```
KernelIProutingtable
Destination     Gateway         Genmask         Flags Metric Ref Use Iface
195.221.158.122 0.0.0.0         255.255.255.255 UH    0      0   0   eth1
192.168.42.0    0.0.0.0         255.255.255.0   U     0      0   0   eth1
195.221.158.0   0.0.0.0         255.255.255.0   U     0      0   0   eth0
127.0.0.0       0.0.0.0         255.0.0.0       U     0      0   0   lo
0.0.0.0         195.221.158.249 0.0.0.0         UG    0      0   0   eth0
```

À combien de réseaux ce routeur est-t-il relié ?

PROPOSITION DE CORRECTION

Deux réseaux sont reliés à ce routeur fiche #29 : le réseau IP 192.168.42.0 et le réseau IP 195.221.158.0. Les autres entrées correspondent à l'interface locale, l'adresse locale de rebouclage et la route par défaut.

exercice #45 IPv6 – Notation abrégée

Donnez la notation abrégée des adresses IPv6 suivantes :
1. c17c:1234:1a1b:0e0e:12c7:0078:0000:5a2c
2. c17c:0234:1a1b:0000:0000:0078:17c7:5a2c

PROPOSITION DE CORRECTION

Dans la notation abrégée fiche #31, lorsqu'un groupe commence par un ou des 0, il est possible de ne pas les indiquer et lorsque l'adresse présente plusieurs groupes entièrement à 0, il est possible de les remplacer par le signe « :: ».

1. La notation abrégée de l'adresse c17c:1234:1a1b:0e0e:12c7:0078:0000:5a2c est c17c:1234:1a1b:e0e:12c7:78::5a2c.

2. La notation abrégée de l'adresse c17c:0234:1a1b:0000:0000:0078:17c7:5a2c est c17c:234:1a1b::78:17c7:5a2c.

exercice #46 IPv6 – Notation abrégée

> Donnez la notation abrégée des adresses IPv6 suivantes :
> 1. c17c:1234:1a1b:0000:0000:0078:0000:5a2c
> 2. 0032:43ac:0000:0000:0000:0000:0000:0001

PROPOSITION DE CORRECTION

1. La notation abrégée de l'adresse c17c:1234:1a1b:0000:0000:0078:0000:5a2c est c17c:1234:1a1b::78:0000:5a2c (l'abréviation :: ne peut être utilisée qu'une seule fois pour une adresse).

2. La notation abrégée de l'adresse 0032:43ac:0000:0000:0000:0000:0000:0001 est 32:43ac::1.

exercice #47 IPv6 – Notation abrégée

> Donnez la notation complète des adresses IPv6 suivantes :
> 1. c17c:34:1a1b::12c7:0078:16:5a2c
> 2. c170:4:1a1b:d7:7a7c

PROPOSITION DE CORRECTION

Dans la notation complète fiche #31, nous affichons les 0 qui ont été supprimés par simplification des groupes commençant par un ou des 0, ou entièrement à 0 (signe « :: »).

1. La notation complète fiche #31 de l'adresse c17c:34:1a1b::12c7:78:16:5a2c est c17c:0034:1a1b:0000:12c7:0078:0016:5a2c.

2. La notation complète de l'adresse c170:4:1a1b::d7:7a7c est c170:0004:1a1b:0000:0000:0000:00d7:7a7c.

exercice #48 IPv6 – Notation abrégée

Donnez la notation complète des adresses IPv6 suivantes :
1. c17c:abcd:ab:0000:43:42::5a2c
2. c17c:abcd:0000:1234::16

PROPOSITION DE CORRECTION

1. La notation complète de l'adresse c17c:abcd:ab:0000:43:42::5a2c est c17c:abcd:00ab:0000:0043:0042:0000:5a2c.

2. La notation complète de l'adresse c17c:abcd:0000:1234::16 est c17c:abcd:0000:1234:0000:0000:0000:0016.

exercice #49 Adresse IPv6

Analyser l'adresse IPv6 3200:a7b7:160:0007::d1f1.

PROPOSITION DE CORRECTION

Nous utilisons le format de la trame IPv6 fiche #31 pour extraire le préfixe et le suffixe des adresses.

Les quatre premiers bits de l'adresse 3200:a7b7:160:0007::d1f1 sont 0011. Les trois premiers (001) définissent que c'est une adresse unicast, c'est-à-dire attribuée à un hôte.

Le préfixe de cette adresse est 3200:a7b7:0160:0007.
Dans ce préfixe, la topologie publique est constituée des bits n°4 à n°48 : 1200:a7b7:0160
et la topologie de site est constituée des 16 bits suivants : 0007

Son suffixe correspond aux 64 derniers bits : 0000:0000:0000:d1f1.

exercice #50 Adresse IPv6

> Analyser l'adresse IPv6 fe80:ca16::0001.

PROPOSITION DE CORRECTION

Le premier groupe de 16 bits de l'adresse fe80:ca16::0001 est fe80 : c'est une adresse de portée Lien-local fiche #31, correspondant à une adresse sur le réseau privé fe80:ca16::.

Le préfixe de cette adresse est fe80:ca16:0000:0000.

Son suffixe est 0000:0000:0000:0001.

exercice #51 IPv6

Annales BTS SIO 2017

> **Document : RENATER et l'université Ouest**
>
> Le réseau national de télécommunications pour la technologie, l'enseignement et la recherche (RENATER) est le réseau informatique français reliant les différentes universités et les différents centres de recherche entre eux en France métropolitaine et dans les départements d'outre-mer.
>
> Il s'agit d'un réseau reliant plus de 1000 sites via une liaison très haut débit (liaisons jusqu'à 10 Gbit/s, cœur de réseau à 80 Gbit/s en Île-de-France) et en IPv4 et IPv6 natifs.
>
> RENATER dispose du bloc d'adresses IPv6 2001:0660::/32 dont il redistribue des plages à ses différents membres. Conscient de l'importance du déploiement rapide d'IPv6, il encourage ses membres à l'implanter, afin de diminuer le trafic IPv4 sur ses réseaux.
>
> L'université Ouest dispose ainsi du bloc 2001:0660:7201::/48.

Vérifier la validité des adresses IPv6 utilisées dans le fichier de configuration *DNS* par rapport au bloc fourni par RENATER. Pour cela :
Expliquer le lien entre le bloc des adresses RENATER et le bloc des adresses de l'université Ouest.

PROPOSITION DE CORRECTION

Une adresse IPv6 est constituée d'un préfixe et d'un suffixe correspondant à l'identifiant d'interface fiche #31.

D'après le plan d'adressage IPv6, RENATER dispose du bloc d'adresses IPv6 2001:0660::/32, son préfixe est donc 2001:0660.

Deux octets sont ajoutés à ce préfixe pour constituer celui de l'université Ouest : 2001:0660:7201::/48 (les quatre premiers octets restant identiques).

exercice #52 IPv6

Annales BTS SIO 2017

Document : Extrait du fichier de zone univ-ouest.fr

Afin de préparer au mieux la migration vers IPv6, la direction du numérique souhaite rendre compatible dès maintenant l'ensemble de ses services.
Un des premiers services réseaux concernés est le *DNS*.

```
univ-ouest.fr.          IN      SOA     ns.univ-ouest.fr.  hostmaster.univ-ouest.fr.  2016050300
7200 21600 3542400 3600
univ-ouest.fr.          IN      NS      ns.univ-rouen.fr.
univ-ouest.fr.          IN      NS      ns.univ-rennes1.fr.
univ-ouest.fr.          IN      NS      ns.univ-ouest.fr.
univ-ouest.fr.          IN      MX      100 mxd.relay.renater.fr.
univ-ouest.fr.          IN      MX      100 mxa.relay.renater.fr.
univ-ouest.fr.          IN      MX      100 mxb.relay.renater.fr.
univ-ouest.fr.          IN      MX      100 mxc.relay.renater.fr.
univ-ouest.fr.          IN      MX      20 smtp.univ-ouest.fr.
ns.univ-ouest.fr.       IN      A               193.49.144.1
ns.univ-ouest.fr.       IN      AAAA            2001:660:7201:709::10
ns.univ-rouen.fr.       IN      A               193.52.152.15
ns.univ-rennes1.fr.     IN      A               129.20.254.1
ametys-fo.univ-ouest.fr. IN     A               193.49.144.40
frontal1.univ-ouest.fr.         IN      A               193.49.144.31
frontal1.univ-ouest.fr.         IN      AAAA            2001:66:7201:709::30
www.univ-ouest.fr.      IN      CNAME   ametys-fo.univ-ouest.fr.
smtp.univ-ouest.fr.             IN      A               193.49.144.100
smtp.univ-ouest.fr.             IN      AAAA            2001:660:7201:709::20
pop.univ-ouest.fr.      IN      CNAME   frontal1.univ-ouest.fr.
```

Suite exercice # 51

Vérifier la validité des adresses IPv6 utilisées dans le fichier de configuration *DNS* par rapport au bloc fourni par RENATER. Pour cela :
a) Donner la notation complète (avec les zéros) des adresses IPv6 présentes dans le fichier de configuration du *DNS*.
b) Conclure sur la validité de ces adresses.

PROPOSITION DE CORRECTION

a) Dans l'extrait du fichier de zone univ-ouest.fr, trois adresses IPv6 sont utilisées :

ns.univ-ouest.fr.	IN	AAAA	2001:660:7201:709::10
frontal1.univ-ouest.fr.	IN	AAAA	2001:66:7201:709::30
smtp.univ-ouest.fr.	IN	AAAA	2001:660:7201:709::20

Pour chacune, nous donnons sa notation complète fiche #31 : nous insérons les 0 enlevés lors dans la notation abrégée (notés 0 ici):

2001:660:7201:709::10	2001:0660:7201:0709:0000:0000:0000:0010
2001:66:7201:709::30	2001:0066:7201:0709:0000:0000:0000:0030
2001:660:7201:709::20	2001:0660:7201:0709:0000:0000:0000:0020

b) Pour l'adresse 2001:660:7201:709::10, le préfixe issu de la notation complète (les 8 premiers octets) est 2001:0660:7201:0709.
Ce préfixe est bien inclus dans celui de l'université Ouest (qui dispose du bloc 2001:0660:7201::/48).

Pour l'adresse 2001:66:7201:0709::30, le préfixe est 2001:0066:7201:0709.
Ce préfixe n'est pas dans le bloc de l'université (le 3ème octet est différent) : l'adresse n'est pas valide dans le réseau.

Pour l'adresse 2001:660:7201:0709::20, le préfixe est 2001:0660:7201:0709.
Ce préfixe est bien inclus dans le bloc de l'université : l'adresse est valide dans le réseau.

exercice #53 DHCP/DNS

Annales BTS SIO 2017

Document : Configuration DHCP du VLAN Étudiants

```
subnet 192.168.64.0 netmask 255.255.240.0 {
    # Plage d'adresses distribuée aux clients
    range 192.168.64.8 192.168.79.253;
    # Passerelle par défaut du VLAN étudiants
    option routers    192.168.79.254;
    # Serveur DNS. On peut renseigner en DNS primaire le serveur cache local,
    # puis les serveurs DNS publics de l'université par ordre de préférence
    option domain-name-servers   192.168.13.4  193.49.144.1;
    # Nom du domaine
    option domain-name   "univ-ouest.fr";
    # Bail d'une durée de 86400 s, soit 24 h
    default-lease-time  86400;
}
```

Document : Extrait du fichier de zone univ-ouest.fr

```
univ-ouest.fr.            IN   SOA   ns.univ-ouest.fr.   hostmaster.univ-ouest.fr.
2016050300 7200 21600 3542400 3600
univ-ouest.fr.            IN   NS    ns.univ-rouen.fr.
univ-ouest.fr.            IN   NS    ns.univ-rennes1.fr.
univ-ouest.fr.            IN   NS    ns.univ-ouest.fr.
univ-ouest.fr.            IN   MX    100 mxd.relay.renater.fr.
univ-ouest.fr.            IN   MX    100 mxa.relay.renater.fr.
univ-ouest.fr.            IN   MX    100 mxb.relay.renater.fr.
univ-ouest.fr.            IN   MX    100 mxc.relay.renater.fr.
univ-ouest.fr.            IN   MX    20 smtp.univ-ouest.fr.
ns.univ-ouest.fr.         IN   A     193.49.144.1
ns.univ-ouest.fr.         IN   AAAA  2001:660:7201:709::10
ns.univ-rouen.fr.         IN   A     193.52.152.15
ns.univ-rennes1.fr.       IN   A     129.20.254.1
ametys-fo.univ-ouest.fr.  IN   A     193.49.144.40
frontal1.univ-ouest.fr.   IN   A     193.49.144.31
frontal1.univ-ouest.fr.   IN   AAAA  2001:66:7201:709::30
www.univ-ouest.fr.        IN   CNAME ametys-fo.univ-ouest.fr.
smtp.univ-ouest.fr.       IN   A     193.49.144.100
smtp.univ-ouest.fr.       IN   AAAA  2001:660:7201:709::20
pop.univ-ouest.fr.        IN   CNAME frontal1.univ-ouest.fr.
```

Le contexte de cet exercice est l'université Ouest. On s'intéresse à la configuration automatique des postes des étudiants : ces postes clients obtiennent la configuration IP nécessaire à l'utilisation d'internet à partir des 2 serveurs *DHCP* (SRV_Dhcp1, SRV_Dhcp2) montés en grappe (*cluster*).

De nouveaux serveurs *DNS* secondaires ont été ajoutés. Pour les prendre en compte, on vous demande de mettre à jour la configuration *DHCP* du *VLAN* étudiant à partir d'un extrait du fichier *DNS*.

Compléter le fichier de configuration du serveur *DHCP* pour prendre en compte les nouveaux serveurs *DNS*.

PROPOSITION DE CORRECTION

Dans le fichier de configuration du DHCP fiche #36, nous trouvons actuellement deux serveurs DNS fiche #37 déclarés (notés domain-name-servers) : 192.168.13.4 et 193.49.144.1 :

```
# Serveur DNS. On peut renseigner en DNS primaire le serveur cache local,
# puis les serveurs DNS publics de l'université par ordre de préférence
option domain-name-servers   192.168.13.4  193.49.144.1;
```

Dans l'extrait du fichier de zone, nous observons que deux autres serveurs secondaires ont été ajoutés : ns.univ-rouen.fr et ns.univ-rennes1.fr :

```
univ-ouest.fr.    IN    NS    ns.univ-rouen.fr.
univ-ouest.fr.    IN    NS    ns.univ-rennes1.fr.
univ-ouest.fr.    IN    NS    ns.univ-ouest.fr.
```

Dans ce même extrait, nous lisons l'adresse IP de ces serveurs :

```
ns.univ-rouen.fr.      IN    A    193.52.152.15
ns.univ-rennes1.fr.    IN    A    129.20.254.1
```

Nous ajoutons ces adresses dans le fichier de configuration du DHCP :

```
# Serveur DNS. On peut renseigner en DNS primaire le serveur cache local,
# puis les serveurs DNS publics de l'université par ordre de préférence
option  domain-name-servers     192.168.13.4     193.49.144.1  193.52.152.15
129.20.254.1;
```

exercice #54 DHCP

Annales DUT Informatique

Listez les limites du DHCP.

PROPOSITION DE CORRECTION

Nous pouvons lister les limites suivantes pour le service DHCP fiche #36 :

- Par défaut, le service DHCP est limité au réseau ou sous-réseau auquel appartient le serveur DHCP (limite qui peut être supprimée par l'ajout d'un relai DHCP sur un routeur).
- La gestion des réservations peut être fastidieuse dans un réseau de taille importante (serveurs, périphériques, commutateurs, routeur…).
- Le paramétrage du bail doit être adapté en fonction de la modularité du réseau : sa durée n'est pas identique selon que l'architecture du réseau est stable dans le temps ou en constante évolution (stations mobiles, VLAN…).

exercice #55 DHCP

Annales Licence informatique 2015

Pourquoi le protocole DHCP ne peut pas passer les routeurs ?

PROPOSITION DE CORRECTION

La première phase d'un échange DHCP fiche #36 en vue de l'obtention d'une adresse consiste à émettre une trame de diffusion DHCP DISCOVER en utilisant l'adresse MAC de diffusion ff:ff:ff:ff:ff:ff, pour essayer de contacter un serveur DHCP qui serait disponible.

Le principe d'un routeur étant de router les trames reçues en fonction des adresses IP source et destination, les trames de diffusion par adresse MAC ne peuvent pas être routées, et ne peuvent donc pas passer les routeurs.

exercice #56 Relai DHCP

Annales BTS SIO 2017

Document : Extrait de la liste des VLAN de l'université Ouest

VLAN	Nom	Adresse réseau	Commentaires
-	Rocade	2001:660:7201:709::72/64	Liaison fibre avec le cœur de réseau
2	Enseignants	192.168.2.0/23	Non commenté
4	Personnel	192.168.4.0/23	Plage 192.168.4.0/29 non distribuée réservée aux postes des administrateurs
12	Serveurs Publics	192.168.12.0/24	192.168.12.1 Messagerie 192.168.12.2 Serveur de fichiers (Accès *SSH* possible sur tous les serveurs)
13	Services réseau	192.168.13.0/24	192.168.13.1 SRV_Proxy 192.168.13.2 SRV_Dhcp1 192.168.13.3 SRV_Dhcp2 192.168.13.4 SRV_Dns (cache DNS du LAN) 192.168.13.5 SRV_SuperV (supervision) 192.168.13.10 SRV_DhcpG (cluster)
16	Résidences universitaires	192.168.16.0/22	Plage d'adresses réservée aux chambres universitaires
20	*VOIP*	192.168.20.0/23	Système de téléphonie IP
24	Wi-Fi	192.168.24.0/22	Non commenté
33	Admin	192.168.33.0/24	administration du matériel actif
64	Étudiants	192.168.64.0/20	Une plage non distribuée est réservée pour les tests
99	Isolement	N/A	Isolement des clients non authentifiés. Aucun accès aux ressources (internes ou externes)
130	Labo-info	192.168.130.0/24	Salle libre-service nouvellement créée dans le pôle informatique

La passerelle de chaque *VLAN* correspond à la dernière adresse IP de la plage réseau

Tous les *VLAN* sont routés entre eux, des règles de filtrage appliquées aux interfaces assurent la sécurité.

L'accès *SSH* est possible sur tous les serveurs

Détailler les étapes d'obtention de l'adresse IP dans le *VLAN* étudiant en précisant les unités de données de protocole et les matériels et logiciels impliqués.

PROPOSITION DE CORRECTION

Lorsque le poste de travail d'un étudiant sollicite une adresse IP au serveur DHCP, plusieurs étapes sont nécessaires fiche #36 :

① Le poste de travail émet une trame de diffusion DHCP DISCOVER pour savoir si un serveur DHCP est disponible.

② Le sujet mentionne que tous les *VLAN* sont routés entre eux : comme le poste de travail (VLAN 64) et serveur DHCP (VLAN 13) sont dans des VLAN différents, l'agent relai DHCP inclus dans le routeur diffuse à son tour le DHCP DISCOVER au VLAN 13.

③ Le serveur DHCP reçoit la trame et fait une offre d'adresse DHCP OFFER.

④ L'agent relai retransmet cette offre au poste de travail.

⑤ Le poste de travail accepte l'offre par l'émission d'une trame DHCP REQUEST.

⑥ Cette trame transite à nouveau par le routeur et l'agent relai DHCP.

⑦ Le serveur DHCP confirme la réservation de l'adresse offerte (bail effectué) par l'envoi d'une trame DHCP ACK.

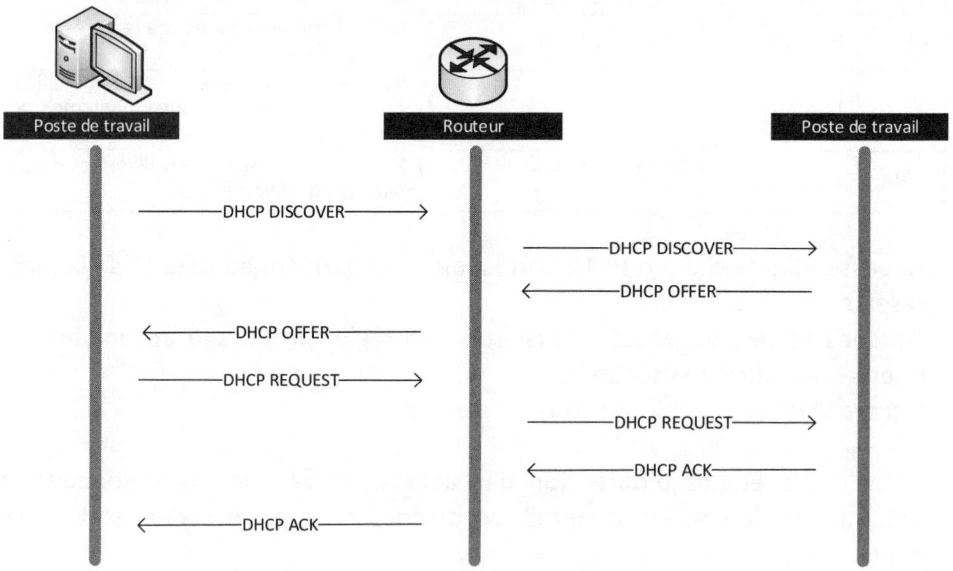

exercice #57 DNS

Annales Licence Informatique 2016

> Dans le cadre du DNS, un serveur secondaire peut-il faire autorité sur une zone ?

PROPOSITION DE CORRECTION

Un serveur DNS secondaire est un serveur qui, lors de son installation, a été associé à un serveur primaire – son serveur maître – qui a autorité sur la zone. La base de données d'un serveur secondaire n'est donc qu'une copie de celle d'un serveur primaire.

Le serveur secondaire reçoit les requêtes DNS lorsque le serveur primaire ne peut pas jouer son rôle, il fait aussi autorité sur la zone, mais sa base de données ne peut pas être modifiée.

exercice #58 RARP

Annales DUT GEII

> Le protocole RARP permet d'obtenir :
> ☐ L'adresse IP connaissant l'adresse physique
> ☐ L'adresse IP connaissant l'adresse MAC
> ☐ L'adresse physique connaissant l'adresse IP
> ☐ L'adresse physique connaissant l'adresse MAC

PROPOSITION DE CORRECTION

Le protocole RARP permet d'obtenir :
☑ L'adresse IP connaissant l'adresse physique
☑ L'adresse IP connaissant l'adresse MAC

exercice #59 Principe de VLAN

Annales BTS SN IR 2017

Afin d'optimiser le câblage réseau dans un train, on souhaite pouvoir acheminer plusieurs réseaux de niveau 2 sur un même support.
Indiquer la technologie qui permet cela.

PROPOSITION DE CORRECTION

Le principe de VLAN fiche #32 permet la segmentation logique des postes au sein d'un réseau physique. Un VLAN permet de regrouper virtuellement des machines selon le besoin, indépendamment de leur emplacement physique dans l'architecture du réseau : une machine identifiée sur un VLAN ne peut recevoir des données que des autres machines de ce VLAN.

exercice #60 VLAN et filtrage

Annales BTS SIO 2017

Document : Extrait de la liste des VLAN de l'université Ouest

VLAN	Nom	Adresse réseau	Commentaires
-	Rocade	2001:660:7201:709::72/64	Liaison fibre avec le cœur de réseau
2	Enseignants	192.168.2.0/23	Non commenté
4	Personnel	192.168.4.0/23	Plage 192.168.4.0/29 non distribuée réservée aux postes des administrateurs
12	Serveurs Publics	192.168.12.0/24	192.168.12.1 Messagerie 192.168.12.2 Serveur de fichiers (Accès *SSH* possible sur tous les serveurs)
13	Services réseau	192.168.13.0/24	192.168.13.1 SRV_Proxy 192.168.13.2 SRV_Dhcp1 192.168.13.3 SRV_Dhcp2 192.168.13.4 SRV_Dns (cache DNS du LAN) 192.168.13.5 SRV_SuperV (supervision) 192.168.13.10 SRV_DhcpG (cluster)
16	Résidences universitaires	192.168.16.0/22	Plage d'adresses réservée aux chambres universitaires
20	*VOIP*	192.168.20.0/23	Système de téléphonie IP
24	Wi-Fi	192.168.24.0/22	Non commenté
33	Admin	192.168.33.0/24	administration du matériel actif
64	Étudiants	192.168.64.0/20	Une plage non distribuée est réservée pour les tests
99	Isolement	N/A	Isolement des clients non authentifiés. Aucun accès aux ressources (internes ou externes)
130	Labo-info	192.168.130.0/24	Salle libre-service nouvellement créée dans le pôle informatique

Document : Règles de filtrage du commutateur de niveau 3 pour le VLAN Labo-info

Note : Si une règle autorise un paquet caractérisé par un quadruplet (ip_src, port_src, ip_dst, port_dst) à passer, la réponse caractérisée par le quadruplet inversé sera autorisée automatiquement.

Extrait concernant l'interface 192.168.130.254 (VLAN 130 Labo-info)

N°	Protocole	IP source	Port source	IP destination	Port destination	action
1	tous	192.168.130.0/24	tous	192.168.13.1	3128	autorise
2	UDP	toutes	tous	toutes	67	autorise
3	tous	192.168.130.0/24	tous	192.168.13.4	53	autorise
4	ICMP	192.168.130.0/24		toutes		autorise
5	tous	toutes	tous	toutes	tous	bloque

Document : Liste de ports courants

N°	type	Description
20	tcp	ftp-data - File Transfer Protocol [flux de données]
21	tcp	ftp - File Transfer Protocol – commandes
22	tcp	SSH - Secure Shell
23	tcp	telnet
25	tcp	smtp - Simple Mail Transfer Protocol RFC 5321
53	udp/tcp	domain - Domain Name Service (DNS)
67	udp	bootps - DHCP, pour la recherche d'un serveur DHCP
69	udp	tftp - Trivial File Transfer
80	tcp	www-http - World Wide Web http
88	tcp	kerberos
110	tcp	pop3 - Post Office Protocol - Version 3 RFC 1939
123	udp	ntp - Network Time Protocol RFC 5905
143	tcp	imap4 - Internet Message Access Protocol - RFC 3501
161	udp	SNMP - Simple Network Management Protocol
443	tcp	https
587	tcp	message submission agent (serveur de messagerie sortant sécurisé)
993	tcp	imap4-ssl IMAP4+SSL
995	tcp	POP3 protocol over TLS SSL
1194	tcp/udp	Openvpn
1863	tcp	msn - Windows Live Messenger
3128	udp/tcp	Proxy Server Squid

Expliquer l'objectif des règles de filtrage actuelles.

PROPOSITION DE CORRECTION

Règle N°1 : Tous les postes de travail de la salle Labo-info (réseau192.168.130.0/24) sont autorisés à accéder à l'hôte 192.168.13.1, c'est-à-dire le serveur proxy SRV_Proxy, sur son port 3128.

Règle N°2 : Tous les postes de travail sont autorisés à adresser des trames sur le port 67 de n'importe quel hôte de destination. D'après le tableau listant les ports courants, cette règle autorise tous les postes de la salle Labo-info à rechercher un serveur DHCP.

Règle N°3 : Tous les postes de travail de la salle Labo-info (réseau192.168.130.0/24) sont autorisés à accéder à l'hôte 192.168.13.4, c'est-à-dire le serveur DNS SRV_Dns, sur son port 53.

Règle N°4 : Toutes commandes liées au protocole ICMP (principalement ping) sont autorisées à partir des postes de travail de la salle Labo-info.

Règle N°5 : Toutes les autres communications sont refusées.

exercice #61 VLAN et plan d'adressage IP

Annales BTS SN IR 2017

Document : Contexte

Cette étude porte sur la supervision d'une production d'énergie électrique photovoltaïque, produite sur le toit d'un train régional.
Cette production d'électricité permet d'alimenter le système d'éclairage à bord du train et le réseau électrique utilisés par les voyageurs (ordinateur portable, tablette, téléphone...), via les prises électriques à bord du train.
Le système de production d'énergie est constitué de panneaux photovoltaïques, d'un système de régulation de l'énergie produite (*MPPT*), de batteries et du système d'éclairage.
Le système de supervision récupère les informations sur la production d'énergie électrique fournies par le système de régulation.
Ces informations sont enregistrées dans une base de données locale, et présentées sur un site web consultable par les voyageurs connectés en WIFI.
Le réseau WIFI comporte un ensemble de points d'accès WIFI répartis dans les wagons. Ces points d'accès sont coordonnés par un contrôleur WIFI Cisco 2504.

Un logiciel de simulation du déploiement des points d'accès conseille l'implantation de trois points d'accès par wagon. Cette étude portera sur le wagon central.

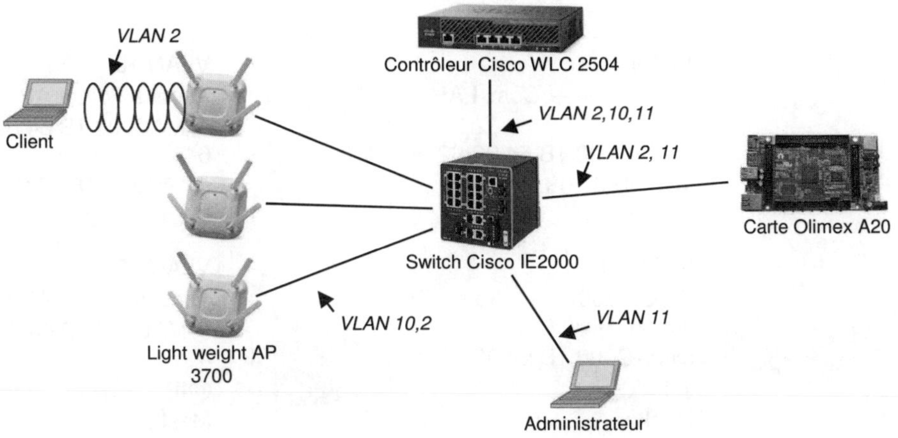

Figure : schéma de câblage du réseau

La carte Olimex héberge le site Web à diffuser.
Les LAP (Lightweight Access Point) diffusent le réseau WIFI. Ils reçoivent leur configuration du contrôleur et diffusent le réseau WIFI.
Le contrôleur de réseau WIFI contrôle les différents LAP installés dans le wagon. Au démarrage du réseau, le contrôleur envoie la configuration aux LAP (puissance du signal, canal d'émission, sécurité, SSID...). Lorsqu'un client est connecté à un LAP, l'ensemble des messages en provenance ou à destination des clients est encapsulé par le LAP dans une trame CAPWAP à destination du contrôleur. Le contrôleur désencapsule ces trames et renvoie lesdites trames au récepteur.

Le VLAN 10 transporte les informations de configuration entre les LAP et le contrôleur WLC (réseau IP 192.168.10.0 /24).
Le VLAN 11 transporte les informations d'administration du réseau entre le PC administrateur et le contrôleur WLC (réseau IP 192.168.11.0 /24). Il est également possible depuis le PC Administrateur d'établir une connexion SSH vers la carte Olimex.
Le VLAN 2 transporte les données entre les clients et le serveur WEB (réseau IP 192.168.2.0 /24).
Remarque : certains équipements sont capables de communiquer sur plusieurs VLANs. Dans ce cas, ils possèdent une adresse IP dans chacun des VLANs auxquels ils sont associés.

Le site Web a été développé en langage PHP et est hébergé par le service apache sur la carte Olimex.

Document : Document réponses

	VLAN 10 WLC 2504 – Com LAP ↔ WLC @MAC: 00 1B 54 93 62 20 @IP: 192.168.10.1 Mask:..........................		VLAN 10 Access Point LAP1 @MAC: 00 1B 54 B3 97 64 @IP:192.168.10.2 Mask:.....................
	VLAN 11 WLC 2504 – Com PC admin ↔ WLC @MAC: 00 1B 54 93 62 21 @IP: .... Mask:		VLAN 10 Access Point LAP2 @MAC: 00 1B 54 A8 24 41 @IP:....................... Mask:.....................
	VLAN 2 WLC 2504 – Com Serveur ↔ WLC @MAC: 00 1B 54 93 62 22 @IP: .... Mask:		VLAN 10 Access Point LAP3 @MAC: 00 1B 54 12 D4 66 @IP:....................... Mask:.....................
	VLAN 2 PC Client @MAC: 00 1B E9 78 96 FA @IP: .... Mask:		VLAN 11 PC Administrateur @MAC: 00 1B E9 87 FE 21 @IP:....................... Mask:.....................
	VLAN 2 Serveur Olimex (web) @MAC: 00 1B E9 41 23 65 @IP:.......................... Mask:..........................	VLAN 11 Serveur Olimex (ssh) @MAC: 00 1B E9 41 23 65 @IP:.................................... Mask:....................................	

Dans le document réponses, renseigner les adresses IP et la valeur du masque (en décimal pointé) à donner à chaque équipement du réseau.

PROPOSITION DE CORRECTION

D'après le sujet, le VLAN 2 porte le réseau IP 192.168.2.0 /24, la notation CIDR /24 correspond au masque de sous-réseau 255.255.255.0 fiche #28 en notation décimale pointée. Nous proposons des adresses IP sur ce réseau, soit de

192.168.2.1 à 192.168.2.6 pour le contrôleur WLC, le PC Client, le serveur Olimex, le serveur WEB et les LAP.

D'après le sujet, le VLAN 10 porte le réseau IP 192.168.10.0 /24, la notation CIDR /24 correspond au masque de sous-réseau 255.255.255.0 en notation décimale pointée. Nous proposons des adresses IP sur ce réseau, soit de 192.168.10.1 à 192.168.10.4 pour le contrôleur WLC et les 3 LAP.

Le VLAN 11 porte le réseau IP 192.168.11.0 /24. Avec ce même masque 255.255.255.0, nous proposons les adresses 192.168.11.1 à 192.168.11.3 pour le contrôleur WLC, le PC administrateur et le serveur Olimex.

Nous proposons le plan d'adressage suivant :

<table>
<tr><td rowspan="3"></td><td>VLAN 10
WLC 2504 – Com LAP ↔ WLC
@MAC: 00 1B 54 93 62 20
@IP: 192.168.10.1
Mask: 255.255.255.0</td><td></td><td>VLAN 10
Access Point LAP1
@MAC: 00 1B 54 B3 97 64
@IP:192.168.10.2
Mask: 255.255.255.0</td></tr>
<tr><td>VLAN 11
WLC 2504 – Com PC admin ↔ WLC
@MAC: 00 1B 54 93 62 21
@IP: 192.168.11.1
Mask: 255.255.255.0</td><td></td><td>VLAN 10
Access Point LAP2
@MAC: 00 1B 54 A8 24 41
@IP: 192.168.10.3
Mask: 255.255.255.0</td></tr>
<tr><td>VLAN 2
WLC 2504 – Com Serveur ↔ WLC
@MAC: 00 1B 54 93 62 22
@IP: 192.168.2.1
Mask: 255.255.255.0</td><td></td><td>VLAN 10
Access Point LAP3
@MAC: 00 1B 54 12 D4 66
@IP: 192.168.10.4
Mask: 255.255.255.0</td></tr>
<tr><td></td><td>VLAN 2
PC Client
@MAC: 00 1B E9 78 96 FA
@IP: 192.168.2.2
Mask: 255.255.255.0</td><td></td><td>VLAN 11
PC Administrateur
@MAC: 00 1B E9 87 FE 21
@IP: 192.168.11.2
Mask: 255.255.255.0</td></tr>
<tr><td></td><td>VLAN 2
Serveur Olimex (web)
@MAC: 00 1B E9 41 23 65
@IP: 192.168.2.3
Mask: 255.255.255.0</td><td colspan="2">VLAN 11
Serveur Olimex (ssh)
@MAC: 00 1B E9 41 23 65
@IP: 192.168.11.3
Mask: 255.255.255.0</td></tr>
</table>

exercice #62 VLAN

Annales BTS SN IR 2017

Indiquer comment les équipements connectés peuvent distinguer les trames appartenant à différents réseaux de niveau 2.

PROPOSITION DE CORRECTION

Toutes les trames émises transitent physiquement sur le même réseau : si nous souhaitons segmenter logiquement ce réseau, il est nécessaire de pouvoir identifier clairement à quel VLAN chaque trame appartient, pour pouvoir les distribuer correctement au niveau du switch.

Cette identification des trames est réalisée par le marquage fiche #33 de chaque trame : on parle alors de trame marquée, étiquetée ou taggée.

exercice #63 Trame 802.1q

Annales BTS SN IR 2017

Document : Trame 802.1q

le préambule+SFD et le FCS ne sont pas présents

```
offset      data
0000        00 1b 54 93 62 20 00 1b 54 b3 97 64 81 00 00 0a
0010        08 00 45 00 00 ec 01 27 40 00 ff 11 e4 85 c0 a8
0020        0a 02 c0 a8 0a 01 e6 75 14 7f 00 d8 00 00 00 20
0030        03 20 00 00 00 00 01 04 d7 31 00 00 00 00 01 08
0040        2c 00 00 1b 54 b3 67 54 00 1b e9 78 96 fa 00 1b
0050        e9 41 23 65 81 00 00 02 08 00 aa aa 03 00 00 00
0060        08 00 45 00 00 a0 0f 00 40 00 80 06 65 96 c0 a8
0070        02 0a c0 a8 02 73 c3 58 1f 90 9d 1f 84 aa 11 53
0080        01 af 50 18 00 44 27 ca 00 00 47 45 54 20 68 74
0090        2e 6d 73 66 74 6e 63 73 69 2e 63 6f 6d 2f 6e 63
...
00e0        48 6f 73 74 3a 20 77 77 77 2e 6d 73 66 74 6e 63
00f0        73 69 2e 63 6f 6d 0d 0a 0d 0a
```

Document : Document réponses

Champ	Valeur
Adresse MAC destination	
Adresse MAC source	
Numéro de VLAN	
Protocole de transport	
Adresse IP source	
Adresse IP destination	

Document : Documentation : format de trame 802.1q et paquet IP

Trame 802.1Q :

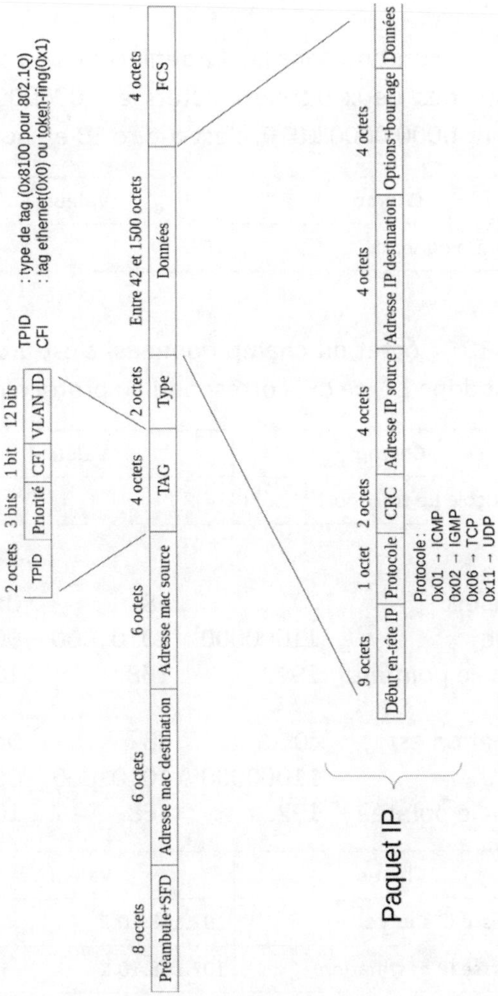

Dans le document réponses, en vous aidant de la **documentation**, décomposer la trame 802.1Q en indiquant les adresses MAC source et destination, ainsi que les adresses IP source et destination, le type de protocole et le numéro de VLAN.

PROPOSITION DE CORRECTION

D'après le format de la trame 802.1q, les 6 premiers octets de la trame correspondent à l'adresse MAC de destination et les 6 suivants à l'adresse source :

Champ	Valeur
Adresse MAC destination	00 1b 54 93 62 20
Adresse MAC source	00 1b 54 b3 97 64

Le numéro de VLAN est contenu dans les 12 deniers bits du tag. Le tag est 81 00 00 0a. La forme binaire des deux derniers octets est 00000000 00001010, les 12 dernies bits sont donc 0000 0000 1010, c'est-à-dire 10 en notation décimale :

Champ	Valeur
Numéro de VLAN	10

Le protocole est le 10ème octet du champ données, c'est-à-dire de la trame IP. Le champ transport est donc 11, ce qui correspond au protocole UDP :

Champ	Valeur
Protocole de transport	UDP

L'adresse IP source est	c0	a8	0a	02
en notation binaire	11000000	10101000	00001010	00000010
en notation décimale pointée	192.	168.	10.	2

L'adresse IP destination est	c0	a8	0a	01
en notation binaire	11000000	10101000	00001010	00000001
en notation décimale pointée	192.	168.	10.	1

Champ	Valeur
Adresse IP source	192.168.10.2
Adresse IP destination	192.168.10.1

exercice #64 VLAN

Annales BTS SN IR 2017

Utiliser documents exercice #61 et exercice #63.

Indiquer si la valeur du champ VLAN ID est cohérente pour cet échange de trame. Justifier votre réponse.

PROPOSITION DE CORRECTION

D'après la décomposition effectuée dans l'exercice précédent :

Champ	Valeur
Adresse IP source	192.168.10.2
Adresse IP destination	192.168.10.1

Cette trame provenant de l'hôte 192.168.10.2 (un LAP) est à destination de l'hôte 192.168.10.1 (le contrôleur WLC).

Le champ VLAN ID est 10, cette valeur est cohérente puisque les LAP et le contrôleur WLC communiquent sur ce VLAN 10.

exercice #65 Architecture

Annales Licence Informatique 2016

Document : Contexte

On considère une entreprise industrielle, de taille moyenne, implantée sur un site comportant 4 bâtiments :
- un bâtiment administratif incluant le service informatique, une salle machine, le service commercial ;
- un bâtiment de production (usine) ;
- un bâtiment pour les expéditions et le stock ;
- un bâtiment pour le service de recherche et de développement ainsi que le service qualité. Ce dernier bâtiment contient également une salle machine.

Les réseaux qui ont été identifiés sont : un réseau pour les postes de travail des informaticiens, un réseau pour les postes administratifs, un réseau pour les serveurs exposés (DMZ), un réseau pour les serveurs internes (SGBD, serveur de fichiers, etc.), un réseau pour les machines de production (de l'usine), un réseau Wifi (commun à tous les bâtiments), un réseau pour les services recherche développement et qualité. Ces deux derniers services ont besoin d'accéder rapidement aux données de production. Le réseau des serveurs internes est présent dans les deux bâtiments (ceux ayant une salle machine). Le réseau des postes administratifs doit être présent dans tous les bâtiments.

L'entreprise possède deux routeurs et des bornes Wifi qui peuvent être configurées pour faire office de pont ou de routeur.

L'entreprise a acheté plusieurs commutateurs (switch 802.1q).

a. Définir l'architecture des VLAN en respectant les contraintes ci-dessus.
b. Faire un schéma de votre architecture.

PROPOSITION DE CORRECTION

a. Nous pouvons proposer l'architecture de VLAN suivante (pour chaque VLAN source, nous listons les VLAN de destination vers lesquels le routage est autorisé) :

Réseau	VLAN	Routage autorisé vers
Postes administratifs	VLAN 1	VLAN 3, 8
Wifi	VLAN 2	Tous
Serveurs Internes	VLAN 3	
Machines de production	VLAN 4	
Recherche et développement	VLAN 5	VLAN 4
Qualité	VLAN 6	VLAN 4
Postes de travail des informaticiens	VLAN 7	VLAN 2, 3, 4, 8
DMZ	VLAN 8	

b. Nous devons présenter dans un même schéma global plusieurs niveaux d'organisation :

- une architecture organisationnelle, qui permet de mettre en place une infrastructure centralisée interconnectant les différents services,
- une architecture géographique, qui s'appuie sur la répartition des hôtes dans les services de l'entreprise,
- une architecture logique, qui permet de mettre en place les VLAN souhaités et le routage entre ces VLAN.

Une architecture physique qui permettrait la mise en place de ces VLAN et du routage pourrait être :

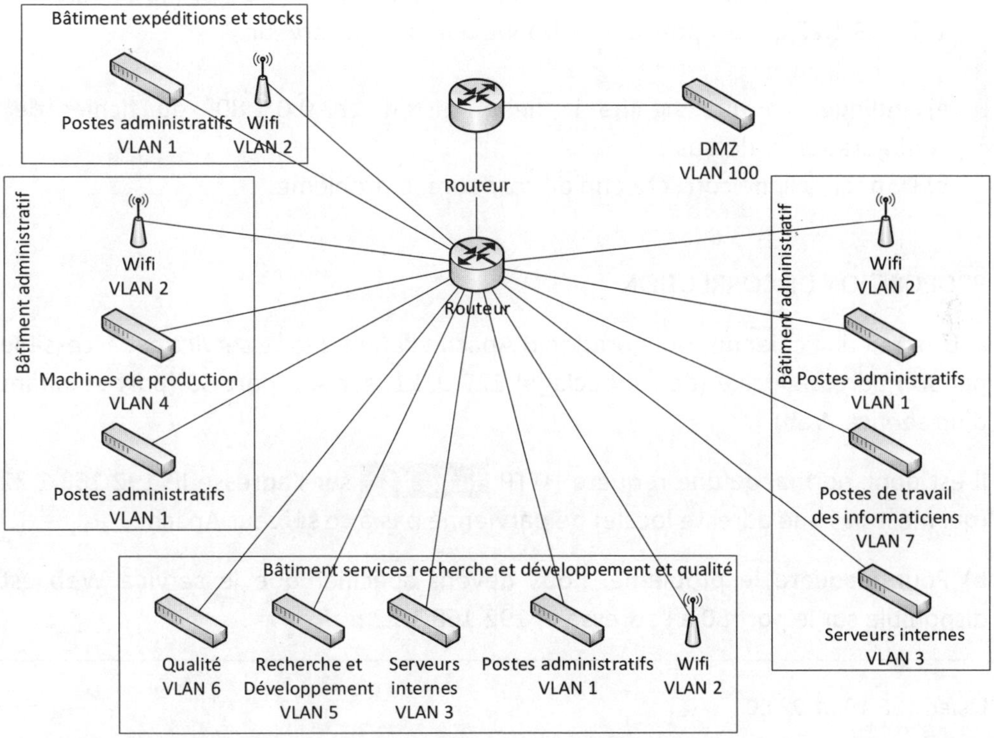

exercice #66 Serveur Web

Annales BTS SN IR 2016

Document : Extrait du fichier de configuration du serveur Apache

```
# Listen: Allows you to bind Apache to specific IP addresses and/or
# ports
#
# Change this to Listen on specific IP
#
#Listen 12.34.56.78:80
Listen 127.0.0.1:80
```

Les utilisateurs n'arrivent pas à se connecter au service WEB Apache à l'adresse 192.168.1.22 qui est pourtant la bonne adresse du serveur.

a) Indiquer ce que signifie la ligne "Listen 127.0.0.1:80" du fichier de configuration ci-dessus.
b) Donner la ligne correcte afin de résoudre le problème.

PROPOSITION DE CORRECTION

a) L'extrait du fichier de configuration d'Apache définit que ce service est accessible par son adresse locale (de rebouclage) 127.0.0.1, sur son port 80 (port standard d'un service Web).

Il est donc normal qu'une requête HTTP fiche #43 sur l'adresse IP 192.168.1.22 (qui n'est pas une adresse locale) ne parvienne pas à ce serveur Apache.

b) Pour résoudre le problème, nous devons spécifier que le service Web est disponible sur le port 80 à l'adresse IP 192.168.1.22 :

```
Listen 192.168.1.22:80
```

exercice #67 — Matrice de filtrage

Annales Licence Informatique 2015

Utiliser documents et plan d'adressage exercice #33

Établir la matrice de filtrage du routeur de l'exercice #33.

PROPOSITION DE CORRECTION

La matrice de filtrage fiche #35 permet d'organiser les routes autorisées ou refusées par le routeur, en fonction de l'adresse source et de destination de chaque trame. Elle est constituée de 1 (lorsque le routage est autorisé) et de 0 (lorsque le routage est refusé).

Pour le routeur étudié, le filtrage porte sur cinq réseaux (les quatre sous-réseaux IP et l'interface connectée à Internet), la matrice de filtrage aura donc la forme suivante :

	192.168.0.0	192.168.0.64	192.168.0.128	192.168.0.192	7.0.0.1
192.168.0.0	1	0	0	0	1
192.168.0.64	1	1	1	0	1
192.168.0.128	0	1	1	0	1
192.168.0.192	1	0	0	1	1
7.0.0.1	1	0	0	0	1

exercice #68 — Filtrage

Annales Licence Informatique 2015

Utiliser le plan d'adressage exercice #33 et la matrice de filtrage exercice #précédent

Définir les règles nécessaires pour joindre le serveur Web de production ainsi que le serveur mail depuis l'extérieur.

PROPOSITION DE CORRECTION

Nous définissons fiche #35 :

- une règle pour autoriser les trames venant de l'extérieur à accéder à chaque serveur,
- une règle pour autoriser les trames venant du port SMTP du serveur mail à accéder à l'extérieur,
- une règle pour refuser toutes les autres trames.

N°	Protocole	IP source	Port source	IP destination	Port destination	action
1	tous	toutes	tous	192.168.0.129	80 (http)	autorise
2	tous	toutes	tous	192.168.0.129	443 (https)	autorise
3	tous	toutes	tous	192.168.0.130	25 (smtp)	autorise
4	tous	toutes	tous	192.168.0.130	110 (pop3)	autorise
5	tous	192.168.2.1	25	toutes	tous	autorise
6	tous	toutes	tous	toutes	Tous	bloque

exercice #69 Filtrage

Annales BTS SIO SISR

> Votre société a mis en place un serveur de messagerie dans sa DMZ. Son adresse IP est 192.168.0.8.
> Donnez la liste des règles de filtrage qui vont s'appliquer à ce serveur.

PROPOSITION DE CORRECTION

Nous définissons fiche # 35 :

- une règle pour autoriser les trames venant de l'extérieur à accéder au port pop3 et SMTP du serveur mail,
- une règle pour autoriser les trames venant du port SMTP du serveur mail à accéder à l'extérieur,
- une règle pour refuser toutes les autres trames.

N°	Protocole	IP source	Port source	IP destination	Port destination	action
1	tous	Toutes	tous	192.168.0.8	110 (pop3)	autorise
2	tous	Toutes	tous	192.168.0.8	25 (smtp)	autorise
3	tous	192.168.0.8	25 (smtp)	Toutes	tous	autorise
4	tous	Toutes	tous	Toutes	Tous	bloque

exercice #70 Filtrage

Annales Licence Informatique 2016

Quelles sont les limites du filtrage de port, qu'apporte le filtrage de protocole (couche 7) ?

PROPOSITION DE CORRECTION

Le filtrage de port fiche #35 s'applique au niveau 5 du modèle OSI : une session, ou connexion est définie par l'identifiant de l'hôte source (adresse IP/protocole/port) associé à celui de l'hôte de destination (adresse IP/protocole/port). Le filtrage applique des règles aux paquets routés. Chaque trame entrante va être autorisée à être routée, ou refusée, en fonction des règles de filtrage définies. Pour le filtrage de port, les règles s'appliquent à un port source et/ou de destination d'un hôte ou réseau : les données du protocole ne sont pas extraites, ce sont toutes les trames correspondantes au port choisi qui sont autorisées ou refusés.

Prenons l'exemple d'une communication de VoIP, si le port correspondant au protocole SIP est autorisé, tous les appels à un compte SIP seront transmis, sans condition sur ce compte SIP.

Le filtrage de protocole, ou filtrage applicatif, est effectué au niveau 7 (application). Il extrait les informations relatives au protocole et applique sur celles-ci une chaine de règles, comme pour le filtrage par port mais appliquant ici des conditions sur ces informations.

Si l'on reprend l'exemple de la communication SIP, le filtrage de protocole pourra appliquer des règles sur les caractéristiques de communication SIP, et choisir ainsi d'autoriser ou non l'appel à chaque compte SIP.

exercice #71 Routage et filtrage

Quel est l'apport du filtrage au routage ?

PROPOSITION DE CORRECTION

Le routage fiche #22 est un mécanisme de niveau réseau, qui permet d'interconnecter des réseaux IP différents entre eux : les trames arrivant sur une interface d'un routeur sont routées vers une de ses interfaces de sortie, en fonction de l'adresse IP du destinataire (celui-ci pouvant se trouver à plusieurs sauts de routeurs). Pour cela, le routeur utilise sa table de routage.

Le filtrage fiche #35 applique des règles aux paquets routés. Chaque trame entrante va être autorisée à être routée, ou refusée, en fonction des règles de filtrage définies. Les règles peuvent s'appliquer à une adresse d'hôte ou l'ensemble des hôtes d'un réseau IP source, à un port source, à une adresse d'hôte de destination ou un réseau IP de destination, à un port de destination ou à un protocole. La suite des règles à appliquer constitue une chaine de règles : les règles sont testées dans l'ordre de la chaine jusqu'à ce que l'une d'elles corresponde à la trame, ou que l'on atteigne la règle par défaut.

Ces deux notions sont donc complémentaires : le routage permet de router les trames de l'hôte source vers l'hôte destinataire et le filtrage d'appliquer des règles lors de ce routage, en fonction de critères choisis.

exercice #72 LDAP

Annales Licence Informatique 2016

Quels sont les avantages apportés par l'utilisation d'un service d'annuaire comme LDAP, au niveau des authentifications systèmes et applicative ?

PROPOSITION DE CORRECTION

L'authentification par un annuaire fiche #48 a de nombreux avantages :

- Gestion centralisée des comptes utilisateurs : les comptes ne sont pas gérés au niveau local.
- Mise en place de droits sur les éléments de l'annuaire.
- Évolutivité de la structure de l'annuaire : il est aisé de déplacer un élément dans l'arbre correspondant à l'annuaire.
- Outils disponibles : LDAP fournit des méthodes pour s'identifier, ajouter/modifier/supprimer des éléments de l'arborescence,
- Accès plus rapide aux données que dans une base de données.

exercice #73 Nommage LDAP

Annales BTS SIO SISR

Document : Annuaire LDAP

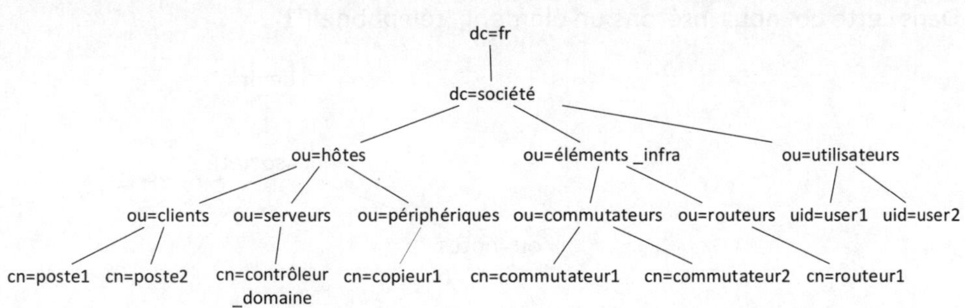

Spécifier le RDN et DN du copieur1.

PROPOSITION DE CORRECTION

Le RDN fiche #48 de copieur1 est rdn:copieur1

Son DN est dn:copieur1,ou=périphériques,ou=hôtes,dc=société,dc=fr

exercice #74 Nommage LDAP

Annales BTS SIO SISR

Document : Annuaire LDAP

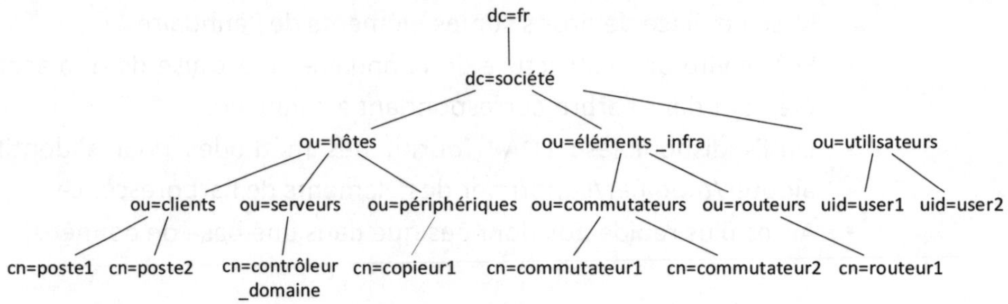

Insérer dans l'annuaire l'élément dont le dn est : dn:téléphoneIP1,ou=téléphones,ou=hôtes,dc=société,dc=fr.

PROPOSITION DE CORRECTION

Nous insérons une nouvelle uo "téléphones" dont le parent est hôtes fiche #48. Dans cette uo, nous insérons un élément "téléphoneIP1".

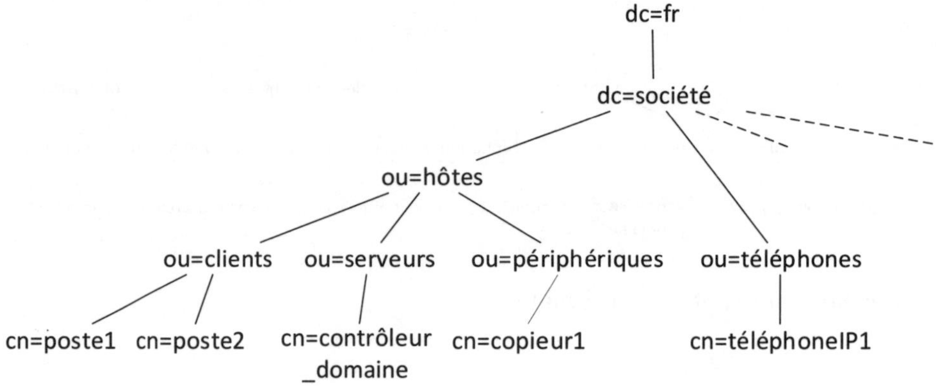

exercice #75 Fonctions LDAP

Annales BTS SIO SISR

Document : Annuaire LDAP

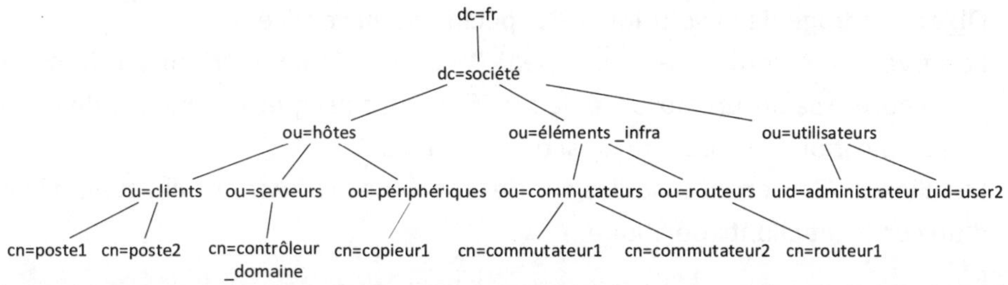

Document : Annuaire LDAP

Linux implémente les principales fonctions LDAP. Le tableau suivant liste les principales fonctions disponibles :

ldapadd	Ajout d'une nouvelle entrée
ldapdelete	Suppression d'une entrée
ldapmodify	Modification d'une entrée
ldapsearch	Recherche d'entrées
Option -D	Spécification du DN du compte administrateur
Option -f	Spécification d'un fichier de données
Option - w	Spécification du mot de passe

En utilisant les fonctions fournies :

- Insérer dans l'annuaire l'utilisateur user3 dans le même conteneur que les autres utilisateurs. Cet utilisateur se nomme prénom3 nom3.
- Supprimer l'utilisateur user2

PROPOSITION DE CORRECTION

- Nous créons un fichier user3 dans lequel nous insérons les informations relatives à l'entrée de user3 (nom3, prénom3) dans l'annuaire fiche #48.

- Nous exécutons la commande d'insertion de user3 :

```
ldapadd -D "uid=administrateur,ou=utilisateurs,dc=société,dc=fr" -f user3
```

- Nous exécutons la commande de suppression de user2 :

```
Ldapdelete      -D      "uid=administrateur,ou=utilisateurs,dc=société,dc=fr"
"uid=user2, ou=utilisateurs,dc=société,dc=fr"
```

exercice #76 Routage VPN

Annales BTS SIO 2015

Document : Extrait compte-rendu de la réunion du mai 2015

<u>Objet</u> : Cadrage de la solution VPN spécifique au service

Le serveur VPN sera un serveur *OpenVPN* basé sur une distribution Linux Debian 7.2. Il gérera sa propre autorité de certification ainsi que le certificat de l'autorité de certification. Il disposera ainsi d'un certificat.

Les clients VPN seront installés sur des machines *Lubuntu* et chacune disposera d'un certificat client spécifique.

Le serveur sera placé dans la DMZ et aura pour adresse IP 172.16.254.40 : on conservera le port par défaut 1194. Il sera accessible via l'adresse publique du pare-feu Zyxel 109.3.130.36.

Les clients VPN recevront une adresse sur le réseau par défaut 10.8.0.0/24 et auront accès au réseau 172.16.201.0/24.

<u>Schéma indicatif de la solution du prototype à valider</u>

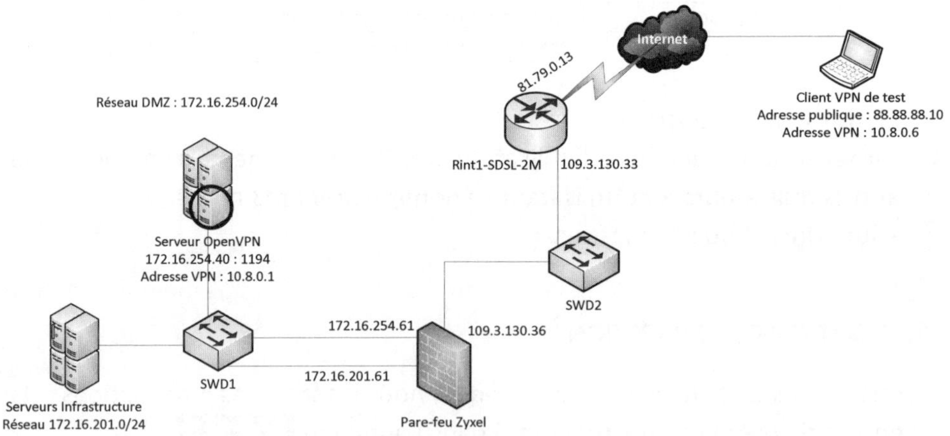

Indiquer les adresses IP (source et destination) et les numéros de ports que devrait contenir un paquet émis par le poste de test, capturé à l'entrée du pare-feu Zyxel.

PROPOSITION DE CORRECTION

Un paquet émis par le poste de test devrait contenir :

- l'adresse IP source 88.88.88.10, son adresse publique qu'il utilise pour l'extrémité du tunnel VPN,
- l'adresse IP de destination 109.3.130.36, qui correspond à l'adresse du pare-feu Zyxel,
- le port par défaut du serveur 1194.

exercice #77 Trunk

Annales Licence Informatique 2016

Expliquez l'utilité de la notion de Trunk dans la norme IEEE 802.1q.

PROPOSITION DE CORRECTION

Lorsqu'un réseau porte des VLAN fiche #32, dans la majeure partie des cas, ces VLAN sont répartis sur différents commutateurs, il est alors nécessaire que les lignes physiques qui relient ces commutateurs entre eux laissent passer toutes les trames, indépendamment des VLAN dont elles proviennent. Ce n'est qu'une fois arrivée au commutateur que chaque trame sera gérée, en fonction du VLAN auquel elle appartient.

Dans la norme 802.1q, le port spécifiquement paramétré pour porter la liaison inter-commutateur est appelé port Trunk fiche #33. La liaison entre deux commutateurs porte donc aussi le nom de lien Trunk. On appelle aussi le port trunk port taggé.

La norme 802.1q spécifie aussi comment marquer chaque trame qui va être émise dans le trunk pour « mémoriser » à quel VLAN elle appartient. Ce marquage peut être explicite en intégrant directement dans chaque trame l'identifiant du VLAN auquel elle appartient, ou explicite si sa nature permet directement de connaître ce VLAN.

exercice #78 SSH

Annales BTS SIO 2015

Document : Échec de la connexion SSH au serveur Web 2 avec le compte et le mot de passe de l'administrateur *root*

```
techsys@pc-client:~$ ssh root@94.125.168.132
root@94.125.168.132's password:
Permission denied, please try again.
root@94.125.168.132's password:
Permission denied, please try again.
root@94.125.168.132's password:
Permission denied (publickey,password).
```

Pour administrer les serveurs *web* dédiés hébergés au sein de l'infrastructure BDN, l'équipe systèmes et réseaux d'Armatis-LC utilise le protocole SSH. Votre responsable vous demande de rédiger une procédure « Connexion aux serveurs en SSH » décrivant la connexion au service SSH de chaque serveur. Cette procédure sera intégrée à la base de connaissance dans la rubrique « Bonnes pratiques techniciens ».
Pour cela, vous testez la connexion au serveur « Web 2 » à partir de votre compte nouvellement créé (*techsys*) et vous tracez les événements survenus lors des connexions SSH dans un document.

Rédiger la procédure en fournissant toutes les explications nécessaires concernant l'impossibilité de se connecter avec le compte administrateur *root* ;

PROPOSITION DE CORRECTION

Il est normal que l'utilisateur *root* ne puisse pas se connecter en SSH fiche #46. En effet, le compte *root* est le compte administrateur standard sur tous les systèmes d'exploitation UNIX : s'il permettait aussi de se connecter à distance, cela constituerait une faille de sécurité importante en facilitant les intrusions.

Il préconisé d'utiliser un compte personnalisé pour chaque utilisateur. Si nécessaire, lorsque qu'un utilisateur est connecté en SSH, il peut ouvrir une interface de commandes en mode administrateur pour effectuer les tâches souhaitées.

exercice #79 SSH

Annales BTS SIO 2015

Document : Première connexion sur le serveur Web 2 en SSH

```
techsys@pc-client:~$ ssh techsys@94.125.168.132
The authenticity of host '94.125.168.132' can't be established
ECDSA key fingerprint is
SHA256:QybjOXjdyDj7yg7T+cV3cyPqWpsGkZGvqtg44W8xtM0.
Are you sure you want to continue connecting (yes/no)? yes
techsys@94.125.168.132's password:
Linux www2 3.2.0-4-amd64 #1 SMP Debian 3.2.68-1+deb7u2 x86_64
Last login: Wed May 03 17:55:04 2017 from 198.51.100.57
techsys@www2:~$
```

Rédiger la procédure en fournissant toutes les explications nécessaires concernant l'apparition du message d'avertissement lors d'une première connexion depuis un client SSH en justifiant l'attitude à adopter.

PROPOSITION DE CORRECTION

Ce message est normal lors de la première connexion au serveur Web 2. Le protocole SSH fiche #46 considère que, lorsqu'un hôte client reçoit la clé publique d'un serveur auquel il souhaite se connecter pour la première fois, il l'accepte après demande de confirmation.

Ce message n'apparaît plus lors des connexions suivantes car la clé publique reçue a été conservée par l'hôte client et reste validée comme provenant d'un serveur sûr.

exercice #80 SSH

Annales BTS SIO 2015

Document : Message d'erreur lors de la tentative de connexion au serveur de secours à qui il a été attribué les mêmes configurations IP que l'ancien serveur Web 2

```
techsys@pc-client:~$ ssh techsys@94.125.168.132
@    WARNING: REMOTE HOST IDENTIFICATION HAS CHANGED!      @
IT IS POSSIBLE THAT SOMEONE IS DOING SOMETHING NASTY!
Someone could be eavesdropping on you right now (man-in-the-middle
attack)! It is also possible that a host key has just been changed. The
fingerprint for the ECDSA key sent by the remote host is
SHA256:9lfA9ctGHx/EXi4JefeBmiI0Tw6MAKYQ3/Lki+vDviQ.
Please contact your system administrator.
Add correct host key in ~/.ssh/known_hosts to get rid of this message.
Offending ECDSA key in ~/.ssh/known_hosts:9
ECDSA host key for 94.125.168.132 has changed and you have requested strict
checking.
Host key verification failed.
```

Pour administrer les serveurs *web* dédiés hébergés au sein de l'infrastructure BDN, l'équipe systèmes et réseaux d'Armatis-LC utilise le protocole SSH.
Le serveur « Web 2 » a subi une panne physique. Le temps de la réparation, l'hébergeur vous met à disposition, sur la même adresse IP, un autre serveur.
Un message d'erreur est affiché lors de la tentative de connexion au serveur de secours qui a les mêmes configurations IP que l'ancien serveur Web 2

Expliquer la raison du message d'erreur lors de la tentative de connexion sur le nouveau serveur de secours.

PROPOSITION DE CORRECTION

L'hôte client possède dans son fichier knwon_hosts les clés publiques acceptées pour les connexions SSH fiche #46, associées aux adresses IP des serveurs qui est ont émises.

Le problème est que, dans ce fichier, le serveur est bien référencé (le serveur de secours a la même adresse IP que le serveur Web 2), mais que la clé publique reçue n'est plus la bonne.

Ce message est donc normal, il spécifie de changer la clé dans le fichier knwon_hosts pour lever le problème.

exercice #82 LiFi

Annales Bac+3 CDI 2017

Commentez avantages/inconvénients du Lifi

PROPOSITION DE CORRECTION

Le principe du LiFi fiche #16 est de transmettre les données par ondes lumineuses : les données numériques sont codées en un signal lumineux, puis émises par une LED.

Nous proposons le comparatif suivant :

Avantages	Inconvénients
• La lumière propose un débit très élevé.	• Actuellement le dédit proposé est loin du débit théoriquement possible.
• Les perturbations électromagnétiques dues à l'environnement n'ont pas d'influence sur un signal lumineux.	• La portée est limitée
• Les LED sont déjà intégrées à de très nombreux équipements.	• La lumière ne traverse pas les obstacles : portée limitée aussi par l'environnement géographique.
• La basse consommation des LED permet une mise en œuvre dans les objets mobiles.	• Les constructeurs de matériels n'ont pas de recul sur la durée de vie des LED.
• Actuellement, le LiFi ne présente pas de problème de santé publique.	

exercice #83 Wifi/LiFi

Annales Bac+3 CDI 2017

Établir un comparatif entre les technologies sans fil Wifi et LiFi.

PROPOSITION DE CORRECTION

Nous comparons les technologies Wifi fiche #14 et LiFi fiche #16 sur les critères suivants :

	Wifi	LiFi
Débit maximal	54 Mbit/s	96 Mbit/s
Distance maximale	200 m	10 m
Éléments d'infrastructure	Point d'accès Wifi	Routeur LiFi
Coût	Modéré	Actuellement élevé
Limites	Les ondes sont sensibles aux perturbations électromagnétiques	Les ondes lumineuses ne traversent pas les obstacles

exercice #81 4G

Annales Bac+3 CDI 2017

> Commentez les termes 4G et LTE Advanced ?

PROPOSITION DE CORRECTION

La 4G fiche #19 est la quatrième génération fiche #18 de téléphonie mobile GSM fiche #17.

Elle définit des communications à très hauts débits pour la voix et les données. Communément, il est spécifié que le réseau 4G propose un débit d'au moins 1Gbit/s.

LTE Advanced est la première norme à proposer réellement le débit de 1 Gbit/s. La précédente norme, LTE, qui était cependant définie comme norme de 4G, ne proposait que 326 Mbit/s.

Administration réseau

exercice #84 Virtualisation et plan de continuité d'activité

Annales BTS SIO 2016

Document : Proposition d'infrastructure de virtualisation

Pour assurer la continuité d'exploitation des services de la société RIOCA, un prestataire vous a fait une proposition basée sur une plate-forme de virtualisation qui fonctionnerait sur plusieurs serveurs physiques (ESXi) accueillant différentes machines virtuelles. Le serveur actuellement utilisé serait conservé, la solution existante serait enrichie d'un nouveau serveur ESXi.

À cette description générale de la solution proposée, s'ajoutent les propositions complémentaires présentées ci-dessous.

SOLUTION DE BASE
Les composants de la solution de base :

VMware vCenter Server est le point central pour configurer, approvisionner et gérer des environnements informatiques virtualisés. Il va permettre d'administrer plusieurs serveurs ESXi (*cluster*) permettant ainsi de nombreuses solutions en matière de disponibilité.

VMware vSphere Client est une interface permettant aux administrateurs de se connecter à distance au vCenter Server ou ESXi depuis n'importe quel PC.

VMware vSphere Web Access est une interface *web* permettant de gérer une machine virtuelle et d'accéder à des consoles distantes.

VMware vSphere VMFS est un système de fichiers en *cluster* hautement performant optimisé pour les machines virtuelles. Alors que les systèmes de fichiers classiques ne permettent qu'à un seul serveur d'accéder en écriture-lecture à un même système de fichiers à un moment donné, VMFS utilise le stockage partagé afin d'autoriser simultanément plusieurs hôtes VMware vSphere à écrire et lire des données sur le même stockage.

VMware vMotion permet de migrer manuellement en direct des machines virtuelles en service depuis un serveur physique que l'on doit maintenir par exemple, vers un autre serveur sans période d'interruption avec une disponibilité de service permanente et une intégrité de transaction complète.

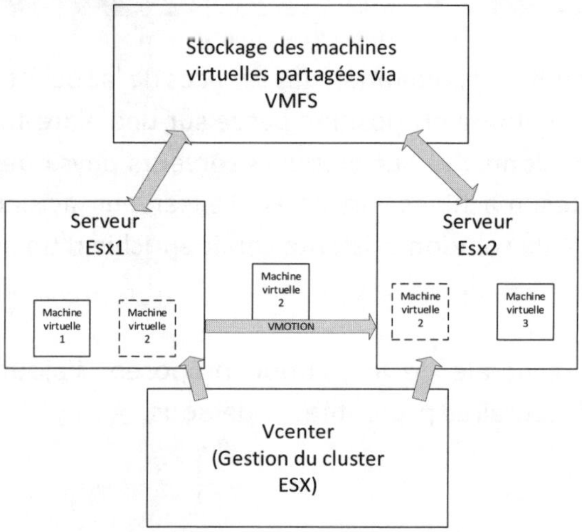

COMPOSANTS OPTIONNELS PERMETTANT D'AMÉLIORER ENCORE LE SERVICE RENDU
Source : extrait de la documentation VMware

VMware Haute disponibilité (HA)

Fonction qui offre une haute disponibilité aux machines virtuelles. En cas de panne du serveur, les machines virtuelles affectées sont redémarrées automatiquement sur d'autres serveurs de production disposant de surcroît de capacité.

VMware Distributed Resource Scheduler (DRS)

Fonction qui affecte et équilibre la capacité informatique dynamiquement dans les collections de ressources matérielles pour les machines virtuelles (équilibrage de charge entre différents serveurs ESXi). Cette fonction comporte des possibilités de gestion d'alimentation distribuée (DPM) permettant au centre de données de réduire significativement sa consommation d'énergie.

Tolérance aux pannes VMware Fault Tolerance (FT)

Quand la tolérance aux pannes est activée pour une machine virtuelle, une seconde copie de la machine originale (ou primaire) est créée. Toutes les actions réalisées sur la machine virtuelle primaire sont également effectuées sur la seconde machine virtuelle. Si la machine virtuelle primaire devient indisponible, la seconde machine devient active pour une disponibilité continue.

La mise en place de la continuité d'exploitation des services a conduit à une proposition permettant de mettre en place un PCA (plan de continuité d'activité) qui doit être justifiée avant d'être présentée à la société RIOCA. Il vous est demandé, d'une part de trouver les arguments appuyant cette proposition et, d'autre part, d'élaborer les procédures de mise en œuvre.

Démontrer qu'en cas d'arrêt planifié d'un serveur ESXi, les modules de la solution de base permettent d'assurer la continuité de service.

PROPOSITION DE CORRECTION

Le PCA fiche #50 définira l'ensemble des procédures à mettre en place en cas d'incident survenu sur l'un des serveurs pour assurer la continuité des services fournis par l'un des serveurs.

Le principe global de la solution proposée est la mise en cluster du serveur déjà en place avec un nouveau serveur ESXi, de façon à satisfaire au critère de haute disponibilité.

En cas d'arrêt planifié d'un serveur ESXi, deux modules de la solution de base permettent d'assurer la continuité de service :

- Avant l'arrêt d'un serveur, il est nécessaire de copier sur le second serveur du cluster les machines virtuelles qui doivent continuer de fonctionner : le module vMotion permet de migrer ces hôtes sans interruption de service.
- Le système de fichier VMFS utilisé par vSphere est basé sur un stockage partagé des données : les données sont accessibles simultanément par plusieurs machines virtuelles. Lors de l'arrêt planifié d'un serveur, le second serveur du cluster peut toujours accéder aux données partagées.

exercice #85 Virtualisation et plan de reprise d'activité

Annales BTS SIO 2016

> *Utiliser document exercice #84.*
>
> Préciser en quoi la solution de base améliore également le plan de reprise d'activité (PRA) de l'entreprise RIOCA en cas de panne brutale d'un des serveurs ESXi.

PROPOSITION DE CORRECTION

Dans ce cas, l'indisponibilité du serveur n'est plus liée à une action planifiée de l'administrateur, c'est un incident inattendu : la migration par vMotion n'a pas été possible et le service est indisponible.

Le PRA fiche 50 est l'ensemble des procédures qui vont permettre que le service interrompu soit à nouveau disponible pour les utilisateurs : il définit ainsi comment reconstituer dans le meilleur délai possible l'infrastructure (ou une infrastructure de secours), matérielle et logicielle, nécessaire au redémarrage du service.

Pour RIOCA, la solution de base proposée améliore le PRA car, en cas de panne brutale d'un des serveurs, il n'y a aucune perte de données. Elle permet de relancer manuellement les hôtes d'un autre serveur, qui a toujours accès au stockage partagé des machines virtuelles. Une interruption a lieu, mais elle est limitée à la durée nécessaire à ce démarrage manuel par l'administrateur.

exercice #86 Virtualisation et plan de continuité d'activité

Annales BTS SIO 2016

> *Utiliser document exercice #84.*
>
> Expliquer comment les modules optionnels pourraient améliorer le taux de disponibilité du serveur d'authentification une fois virtualisé.

PROPOSITION DE CORRECTION

Le module HA améliore la solution de base. En cas de l'arrêt brutale d'un des serveurs ESXi, nous avons dit exercice #85 qu'un démarrage manuel des hôtes sur un autre serveur était nécessaire, générant un temps d'interruption du service. En cas de panne, le module HA migre automatiquement les machines virtuelles nécessaires sur un autre serveur, ce qui minimise le temps d'interruption.

Le module DRS améliore lui aussi la solution de base, en mettant en place une répartition de charge entre les différents serveurs ESXi.

Le module FT agit au niveau des machines virtuelles (pour lesquelles il est activé). En gérant une copie de la machine virtuelle, à chaque instant identique à l'originale, ce module permet de disposer d'une machine disponible en cas de panne sur la machine originale. FT démarre automatiquement cette copie si nécessaire : la haute disponibilité est ainsi assurée aussi au niveau des machines virtuelles.

exercice #87 Virtualisation et TCO

Annales BTS SIO 2016

> Montrer que la virtualisation et la haute disponibilité peuvent avoir un impact positif sur le TCO (*Total Cost of Ownership* ou coût total de possession).

PROPOSITION DE CORRECTION

Les gains obtenus par la virtualisation et la haute disponibilité sont de deux natures :

- Les gains directs sont liés à la diminution des ressources matérielles nécessaires (serveurs physiques moins nombreux, répartition de charge, partage de données…), de la réduction de la consommation énergétique, du temps d'installation des serveurs…
- Les gains indirects sont aussi nombreux, principalement liés à la haute disponibilité : les temps d'interruption de service sont diminués de manière très importante, voire inexistants. De même, le temps d'intervention des administrateurs sont réduits par un certain nombre d'automatisations lors de la gestion des machines virtuelles (migration, copie, démarrage…).

exercice #88 Gestion de parc de matériel

BTS SIO 1ère année 2018

Votre Responsable souhaite moderniser son service informatique, par la mise en place d'outils qui allègeront les tâches des techniciens réseau.
Le premier outil mis en place sera une gestion du parc informatique.

Donnez 4 avantages à mettre en place un outil de gestion de parc informatique.

PROPOSITION DE CORRECTION

Parmi les nombreux avantages à la mise en place d'une gestion de parc de matériel, nous proposons fiche #49 :

- Centralisation des caractéristiques des hôtes (matériels, adressage, logiciels, géographie…),
- Suivi possible par tous les intervenants (utilisateurs, techniciens, gestionnaires…)
- Anticipation des évolutions : changement de matériel, migration de système d'exploitation, amélioration d'une configuration matérielle ou logicielle,
- Sauvegarde globale de la base de données centralisée.

exercice #89 Gestion de parc de matériel

Annales BTS SIO 1ère année 2018

Comment peut-on améliorer la phase d'insertion, dans la base de données d'un outil de gestion de parc de matériel, de toutes les informations relatives à chaque poste du réseau ?

PROPOSITION DE CORRECTION

Il est possible d'associer à l'outil de gestion de parc fiche #49 un outil d'inventaire automatisé. Les informations sont collectées par un service client paramétré sur l'hôte client, puis transmises dans le base de données du serveur de gestion de parc.

exercice #90 Logiciel de gestion d'incidents

Annales BTS SIO 2017

Dans le but de rationaliser l'assistance auprès des utilisateurs du réseau de la mairie de L., il est envisagé d'utiliser, en complément du logiciel de gestion d'inventaire OCS, l'outil de gestion de configuration GLPI (« gestion libre de parc informatique »), qui intègre un module de gestion des incidents.

Chaque utilisateur devra utiliser ce logiciel aussi bien pour la déclaration d'un incident que pour son traitement.

Le DSI vous demande de préparer un argumentaire et une liste des tâches à destination des différents utilisateurs futurs.

Citer les bénéfices d'un logiciel de gestion des incidents par rapport à la gestion actuelle. *Préciser l'intérêt supplémentaire lié à son intégration à un logiciel de gestion de parc.*

PROPOSITION DE CORRECTION

Un outil de gestion d'incidents fiche #50 permet une gestion centralisée des incidents survenus sur l'infrastructure. Ses avantages principaux sont :

- Déclaration des incidents via une plateforme réseau, généralement web : émission d'un ticket,
- Gestion des priorités pour la résolution des incidents,
- Suivi automatique des incidents en cours : les utilisateurs sont informés de l'état d'avancement de la résolution de leur problème, puis de la clôture de leur ticket,
- Attributions automatiques à un technicien (ou groupe de techniciens) d'un ticket émis,
- Conservation d'une base de connaissances sur les problèmes survenus, utilisée si un problème connu se produit à nouveau,
- Mise en place de statistiques sur les incidents survenus dans un but d'amélioration de l'infrastructure.

L'intérêt d'intégrer l'outil de gestion des incidents à un logiciel de gestion de parc de matériel fiche #49 est de pouvoir, lors de l'émission d'un ticket, associer l'incident à un élément de l'inventaire (poste de travail, serveur, élément d'interconnexion, logiciel…). Le technicien a ainsi accès à toutes les informations concernant cet élément, qui vont lui servira de base à l'analyse du problème.

exercice #91 Gestion d'incidents

Annales BTS SIO 2015

Document : Clause de prise en charge des demandes d'assistance

La société DeuSI (« le prestataire ») s'engage à assurer un service d'assistance auprès de la société La Guingampaise (« le client ») lié à la solution de sauvegarde compressée mise en place sur les sites de Guingamp et Rennes pour une durée de 1 an.

Le service répondra aux exigences énoncées ci-après.

Les incidents susceptibles de survenir seront identifiés avant l'installation et qualifiés selon les niveaux ci-après.

Niveau	Exemple d'incident	Responsabilité de la correction
1	Problèmes de configuration réseau, défectuosité d'un matériel redondé, restauration de sauvegardes	Client
2	Défectuosité logicielle de la solution serveur ou d'une unité d'extension, sauvegarde non réalisée	Prestataire
3	Défectuosité matérielle de l'unité centrale ou des unités d'extensions	Prestataire

Tout incident non identifié sera de la responsabilité du prestataire.

Pour chaque incident à la charge du client, une procédure précise sera mise à disposition. Cette procédure sera suivie sans variation par les personnels du client : en cas de non-respect, le prestataire n'est pas tenu responsable des éventuels dégâts ou délais.

Pour chaque incident à la charge du prestataire, un délai d'intervention contractuel sera défini selon les possibilités d'intervention à distance ou sur site. Ce délai est défini à partir de la détection de l'incident par le personnel du client sur le site concerné (Rennes ou Guingamp) et de la transmission de l'information vers le prestataire. Son non-respect entraînera des pénalités de retard.

Chaque incident survenu fera l'objet d'un suivi tracé des actions menées. Cette trace servira en cas de litige entre le prestataire et le client. Elle vise à un transfert de compétences vers les personnels du client en vue de leur prise en charge complète à la fin de ce contrat.

Vous devez prendre en charge la préparation du déploiement d'une nouvelle solution logicielle sur les sites de la société et participer à la maintenance de la solution en place.
En complément des garanties proposées sur le matériel et le logiciel, la prise en charge des demandes d'assistance liées à la solution entrera dans le périmètre du contrat sous la forme d'un service associé.

1. Proposer des outils permettant d'assurer le suivi des incidents. Justifier vos propositions.

2. Énumérer les actions que doit réaliser le personnel de La Guingampaise au moment où survient un incident sur le système de sauvegarde mis en place.

PROPOSITION DE CORRECTION

Nous devons mettre en place un dispositif de prise en charge globale des demandes d'assistance, que selon sa nature un incident soit géré par les techniciens de La Guingampaise ou entre dans le champ du contrat de maintenance avec son prestataire DeuSI.

1. Pour permettre d'assurer le suivi des incidents, nous proposons de mettre en place deux outils :

- Un outil de gestion d'incidents fiche #50 permettra une gestion centralisée des incidents survenus sur l'infrastructure : déclaration des incidents via une plateforme réseau accessible par tous les techniciens du client et du prestataire (émission d'un ticket), gestion des priorités pour la résolution des incidents, suivi automatique des incidents en cours (état d'avancement, clôture d'un ticket…), mise en place de statistiques.
- Une base de connaissances sur les problèmes survenus permettra de transférer progressivement, comme prévu dans le dernier paragraphe du contrat, les compétences vers les personnels du client en vue de leur prise en charge complète à la fin de ce contrat.

2. Au moment où un incident survient, le personnel de La Guingampaise devra agir en 3 phases :

① Qualification du niveau de l'incident : d'après le classement des incidents fourni dans le tableau inclus dans le descriptif du contrat, l'incident est qualifié de niveau 1, 2 ou 3.

② Enregistrement dans le logiciel de suivi d'incidents : un ticket est saisi, décrivant l'incident apparu et le niveau dont il a été qualifié.

③ Résolution de l'incident : si l'incident est de niveau 1, le ticket est transmis au personnel de La Guingampaise, qui doit assurer sa résolution, sinon il est transmis au prestataire qui a en charge cette résolution.

Dans les deux cas, le contrat stipule qu'un suivi des actions menées sera effectué jusqu'à la résolution de l'incident, c'est-à-dire la clôture du ticket.

exercice #92 Matrice de résilience

Annales BTS SIO 2015

Document : Principes de la sauvegarde compressée ou dédupliquée

Schéma simplifié du déroulement de la sauvegarde des données et des échanges entre les deux sites. Les flux via le lien distant résultant d'une sauvegarde compressée.

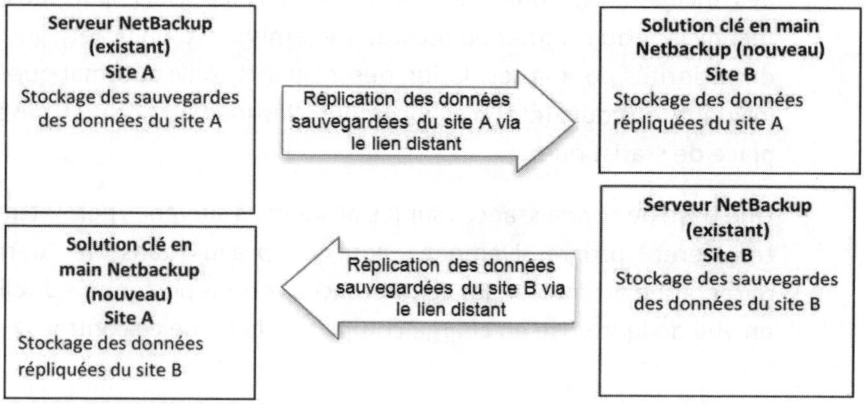

Document : Demande de proposition du client

La Guingampaise souhaite mettre en œuvre une solution additionnelle de sauvegarde : outre les sauvegardes locales, une duplication des sauvegardes sera répliquée sur les deux sites (Guingamp et Rennes, distants de 130 km) offrant la possibilité de restaurer les données d'un site sur l'autre en cas de destruction.

Le scénario est basé sur la mise en place d'une sauvegarde sur unités de disque via la connexion réseau entre les deux sites. Une première sauvegarde a lieu sur les serveurs Netbackup. La sauvegarde des données sur le site de secours sera réalisée par recours à une sauvegarde compressée en utilisant la connexion WAN inter-sites assurée par un lien 200 Mbits.

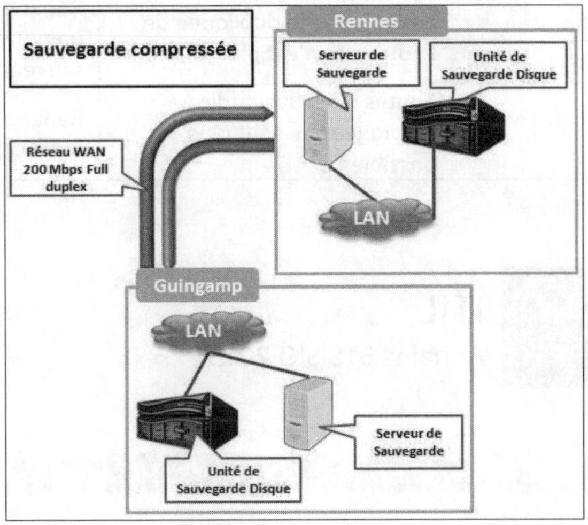

La Guingampaise a fourni une liste des risques techniques connus quand on utilise des solutions clé en main de type *Netbackup*. Les problèmes fréquemment rencontrés lors de l'utilisation d'une solution de sauvegarde compressée sont les suivants :

- Problème sur un bloc d'alimentation sur une unité de sauvegarde disque,
- Perte d'un serveur de sauvegarde,
- Panne de la liaison entre les sites (WAN).

Décrire, dans une matrice de résilience, les conséquences et les moyens à mettre en œuvre pour résoudre chacun des risques identifiés et revenir à un état stable du système de sauvegarde.

PROPOSITION DE CORRECTION

Pour un risque décrit, la matrice de résilience donne les conséquences prévues et les actions à réaliser pour résoudre l'incident s'il survenait. Nous la complétons ici pour les trois problèmes fréquemment rencontrés lors de l'utilisations d'une sauvegarde compressée :

Risque	conséquences	Moyens
Problème sur un bloc d'alimentation sur une unité de sauvegarde disque	Si le sujet mentionne que les alimentations sont redondantes : panne sans conséquence Sinon : pas de sauvegarde possible localement et pas de duplication possible	Remplacer le bloc d'alimentation
Perte d'un serveur de sauvegarde	La sauvegarde dupliquée de l'autre site n'est plus possible	Réparer ou mettre en place un nouveau serveur de sauvegarde
Panne de la liaison entre les sites (WAN)	Toutes les sauvegardes dupliquées ne sont plus possibles	Réparer la panne sur la liaison entre les sites

exercice #93 ITIL

Annales BTS SIO 2015

Document : Extrait de la gestion des incidents ITIL V2

ITIL (*Information Technology Infrastructure Library*) est une collection de documentation qui recense, synthétise et détaille les meilleures pratiques dans la fourniture de services informatiques.

Le schéma (classique) d'escalade d'un incident sur les différents niveaux de support, à commencer par le Centre de services, est le suivant :

① Examiner et diagnostiquer le problème

② Résoudre le problème si les compétences sont présentes, sinon transmettre le problème au niveau supérieur

Le 5 mai 2015, suite à une rupture d'alimentation dans un local technique situé à Quimper, le réseau MPLS de l'opérateur a subi une panne de type *blackout* (coupure électrique générale) sur l'ensemble du département du Finistère.

Cette panne a paralysé, pendant tout un après-midi, les accès des sites distants de Savéol au site informatique du siège.

Consécutivement à la remise en service du réseau MPLS, les routeurs de tous les sites Savéol ont été redémarrés avec leur dernière configuration enregistrée. Les jours suivant la panne du réseau étendu MPLS, plusieurs utilisateurs des sites distants ont signalé qu'ils constataient parfois des lenteurs anormales lors des accès aux serveurs du siège.

Un contact pris avec l'opérateur MPLS prouve que son infrastructure n'est pas en cause.

Afin de diagnostiquer l'origine du problème, les commandes et les relevés de configuration sur les équipements ont été réalisés et consignés dans la fiche d'incident qui vous a été transmise. La prise en charge et la résolution de cet incident vous sont confiées.
Indiquer à quel niveau de la gestion des incidents ITIL cet incident sera pris en charge. Justifier

PROPOSITION DE CORRECTION

Deux actions ont déjà été réalisées (contact avec l'opérateur et relevés de configurations) : le support de niveau 1 n'a donc pas pu proposer une solution, qui ne semble pas provenir des postes des utilisateurs. La prise en charge de cet incident est donc transmise au niveau 2, ou supérieur selon le degré de compétences des techniciens.

Exploitation des services

exercice #94 Script de sauvegarde

Annales BTS SIO 2017

Document : Contexte

La mairie de la ville de L. a récemment installé un système de vidéosurveillance sur une partie des espaces publics du territoire dont elle a la charge. La mise en route de l'ensemble du système date de moins de trois semaines.

Conformément à la loi et aux préconisations de la CNIL, ces dispositifs doivent exclusivement permettre de constater des infractions aux règles de la circulation, réguler les flux de transport, protéger des bâtiments et installations publics et leurs abords, prévenir des risques naturels ou technologiques, faciliter le secours aux personnes ou encore lutter contre les incendies et assurer la sécurité des installations accueillant du public dans les parcs d'attraction.

Une quinzaine de sites de la ville de L. sont équipés de 30 caméras fixes. Elles filment et enregistrent des images 24/24 qui sont sauvegardées pendant une durée maximum de 30 jours, conformément à l'autorisation préfectorale obtenue par la mairie de L.

Tous les équipements (caméras, postes de surveillances, ...) des sites distants sont reliés par fibre optique au cœur de réseau du service informatique de la ville, située à la mairie.

Document : Description du réseau de la mairie

Les caméras IP, actuellement au nombre de 30 (y compris celles du centre aquatique), permettent la numérisation et la compression vidéo. Le fichier contenant la vidéo est acheminé via les commutateurs réseau, pour être enregistré sur un serveur.

Le réseau des caméras de la mairie intègre un système qui permet :

- de regarder en direct les flux vidéo des caméras de surveillance depuis les ordinateurs du réseau via les outils de gestion vidéos installés sur un serveur ;
- de créer des fichiers archives sur un groupe de quatre serveurs FTP pour une lecture en différé.

Les 4 serveurs *FTP* permettent de stocker les flux des caméras. Ils disposent chacun d'une capacité utile de 2 To.

Un **site distant,** s'appuyant lui aussi sur le réseau fibre de la ville, accueille notamment un **serveur *NAS* de sauvegarde** qui permet une sauvegarde à distance des fichiers archives. Il dispose d'une capacité utile de 4 To (extensible à 32 To).

Le **site du centre aquatique intégrant 4 caméras** utilise, comme les autres sites, des convertisseurs de médias « cuivre-fibre ».

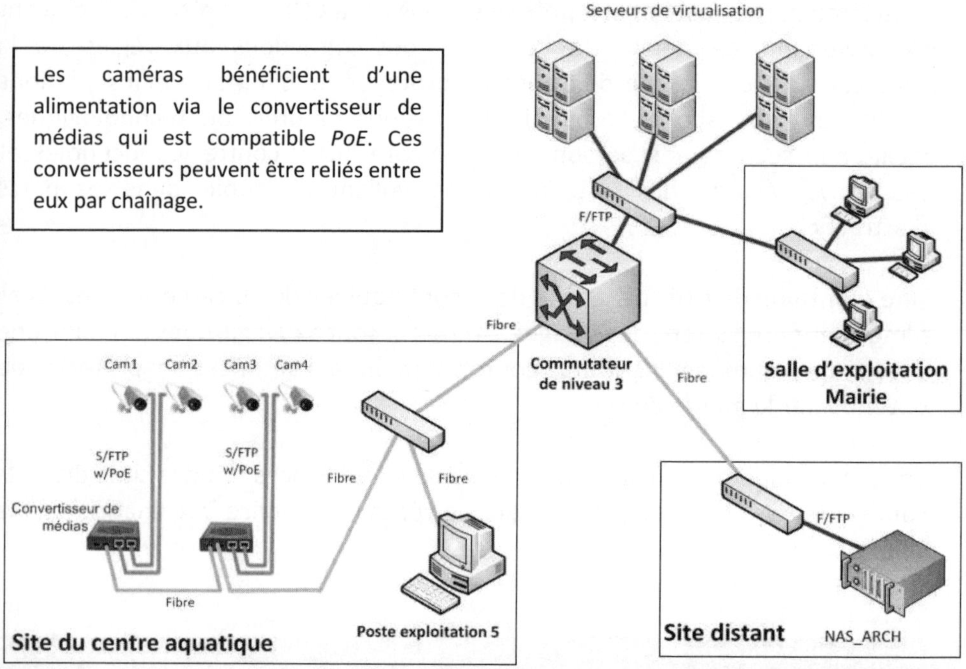

Document : Script de sauvegarde

```
#!/bin/sh
#################################################################
# Description : script de sauvegarde des vidéos
# Nom : sauvvideos.sh
# Emplacement : /root/admin
# Planification :
#   ce script est lance par cron chaque jour pair à 23:59
#   voici la ligne à ajouter dans cron :
#   59 23 */2 * * /root/admin/sauvvideos.sh
#################################################################

FIC_CAM_IP="/root/admin/liste_sauvee.dat"
# le fichier 'liste_sauvee.dat' contient
```

```
# -le nom de la camera
# -l'adresse IP du serveur FTP qui contient les vidéos de la ca
# -le nom du fichier vidéo sur le serveur FTP
# -la date et l'heure d'enregistrement du fichier vidéo
# Exemple de contenu :
# Hopital-Cam01   172.16.150.30   VF_32A0063.ogv   2016-02-14-
# Hopital-Cam02   172.16.150.30   VF_32A0068.ogv   2016-02-14-
# Hopital-Cam02   172.16.150.30   VF_32A0078.ogv   2016-02-14-

# lecture des informations du fichier
cat $FIC_CAM_IP | while read NOMCAM IPSRVFTP NOMFIC DATEVID
do
# on traite chacune des lignes de liste_sauvee.dat
# en utilisant chaque information nom de la caméra, son IP,
# le nom du fichier et la date de la vidéo.

# Connexion au serveur FTP et récupération du fichier sur MAST
wget http://$IPSRVFTP/$NOMFIC
# enregistrement de la vidéo sur le stockage réseau NAS_ARCH
mv /root/admin/$NOMFIC /stockage/videos/$NOMCAM/$DATEVID.ogv
# /stockage est le répertoire qui permet d'accéder à la racine
# de NAS_ARCH
done
```

Document : Extrait de documentation du script utilisé

mv [OPTION...] SOURCE CIBLE
Déplace ou renomme des fichiers ou des répertoires.

cat [OPTION...] fichier
Affiche le contenu d'un fichier

wget [OPTION...] URL
Il s'agit d'une commande qui permet de télécharger un fichier depuis un serveur *HTTP* ou *FTP*.

Pour gérer plus facilement la consultation ultérieure des vidéos et pour des raisons de nécessité de sauvegarde, l'ensemble des vidéos est déplacé des serveurs *FTP* vers un dispositif de stockage réseau unique nommé NAS_ARCH. Cette action est effectuée automatiquement par un *script* lancé depuis l'un des serveur virtuels.

Rédiger une note comportant :

- le fonctionnement du script de sauvegarde des vidéos ;
- une représentation de l'arborescence du disque dur de NAS_ARCH en prenant comme exemple une vidéo de la caméra 1 et deux vidéos de la caméra 2 ;

PROPOSITION DE CORRECTION

Le dispositif de sauvegarde des vidéos sur le serveur distant présente un problème après l'ajout des nouvelles caméras du centre aquatique.

Le script de sauvegarde est lancé automatiquement tous les 2 jours à 23h59.

```
# Planification :
#   ce script est lance par cron chaque jour pair à 23:59
#   voici la ligne à ajouter dans cron :
#   59 23 */2 * * /root/admin/sauvvideos.sh
```

Le fichier liste_sauvee.dat contient les caractéristiques toutes les sauvegardes qui ont été effectuées (une ligne du ficher par sauvegarde effectuée).

Pour chaque ligne de ce fichier :

① Le script extrait le nom de la caméra (variable NOMCAM), le serveur FTP sur lequel a été placé le fichier vidéo (variable IPSRVFTP), le nom de ce fichier (variable NOMFIC), la date d'enregistrement de ce fichier (variable DATEVID).

```
cat $FIC_CAM_IP | while read NOMCAM IPSRVFTP NOMFIC DATEVID
```

② Le fichier correspondant est téléchargé du serveur IPSRVFTP sur le serveur à partir duquel est exécuté le script, dans le répertoire actif.

```
wget http://$IPSRVFTP/$NOMFIC
```

③ Le fichier téléchargé est copié sur le serveur NAS_ARCH, dans le répertoire portant le nom de la caméra NOMCAM du répertoire de sauvegarde des vidéos (/stockage/videos), en le renommant par la date d'enregistrement (l'extension .ogv est conservée).

```
mv /root/admin/$NOMFIC /stockage/videos/$NOMCAM/$DATEVID.ogv
```

L'arborescence ainsi créée sur le serveur NAS_ARCH pour l'exemple de 2 caméras est la suivante :

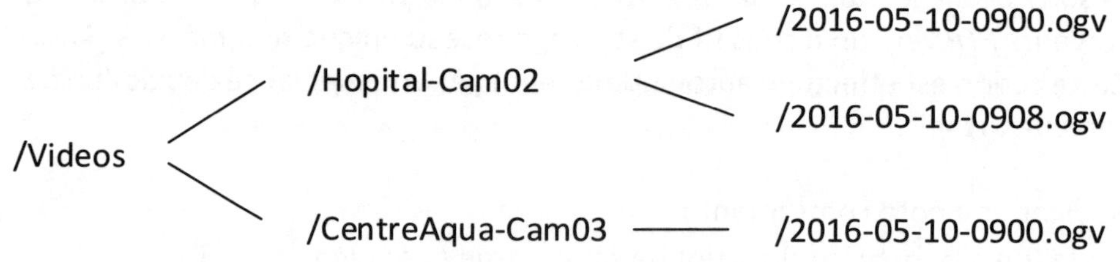

exercice #95 Script de sauvegarde

Annales BTS SIO 2017

Utiliser document exercice #94.

Depuis la mise en route des caméras du centre aquatique, le *script* de sauvegarde rencontre un problème et son exécution est interrompue. Voici le type d'erreur qui apparaît dans les journaux d'événements :
« mv: impossible de déplacer "VF_32A0988.ogv" vers "/stockage/videos/CentreAqua-Cam03/2016-05-10-0900.ogv": Aucun fichier ou dossier cible de ce type »

Un extrait du fichier `/root/admin/liste_sauvee.dat` a été conservé pour analyse :

```
Hopital-Cam02     172.16.150.30  VF_32A0968.ogv  2016-05-10-0900
Hopital-Cam02     172.16.150.30  VF_32A0978.ogv  2016-05-10-0908
CentreAqua-Cam03  172.16.150.30  VF_32A0988.ogv  2016-05-10-0900
```

Rédiger une note à votre DSI expliquant le problème rencontré par le *script* et proposant une ou plusieurs solutions. Cette note doit comporter :

- la cause du problème ;
- une ou plusieurs propositions de solutions.

PROPOSITION DE CORRECTION

Au moment de l'exécution du script, un message d'erreur nous indique qu'il est impossible de déplacer le fichier VF_32A0988.ogv (nous voyons dans l'extrait du fichier liste_sauvee.dat qu'il s'agit d'un fichier vidéo issu de la caméra CentreAqua-Cam03) vers le répertoire videos/CentreAqua-Cam03 du serveur NAS_ARCH (/stockage). Le message nous indique que le fichier ou dossier cible de ce type n'existe pas.

La cause la plus probable de ce problème est que le répertoire correspondant à la nouvelle caméra CentreAqua-Cam03 n'a pas été créé sur le serveur NAS_ARCH, le script ne peut simplement pas y déplacer le fichier.

Nous pouvons proposer deux solutions à ce problème :

- Créer manuellement le dossier /CentreAqua-Cam03.
- Modifier le script pour qu'il teste si le dossier existe déjà et le crée si besoin : entre les lignes 28 et 29, le script pourrait tester si

/$NOMCAM existait, puis en cas de réponse négative, créer le dossier /stockage/videos/$NOMCAM.

Nous vérifierons ensuite au prochain lancement automatique du script qu'il n'a pas retourné de message d'erreur.

exercice #96 Filtrage

Annales BTS SIO 2015

Document : Schéma du réseau de La Guingampaise

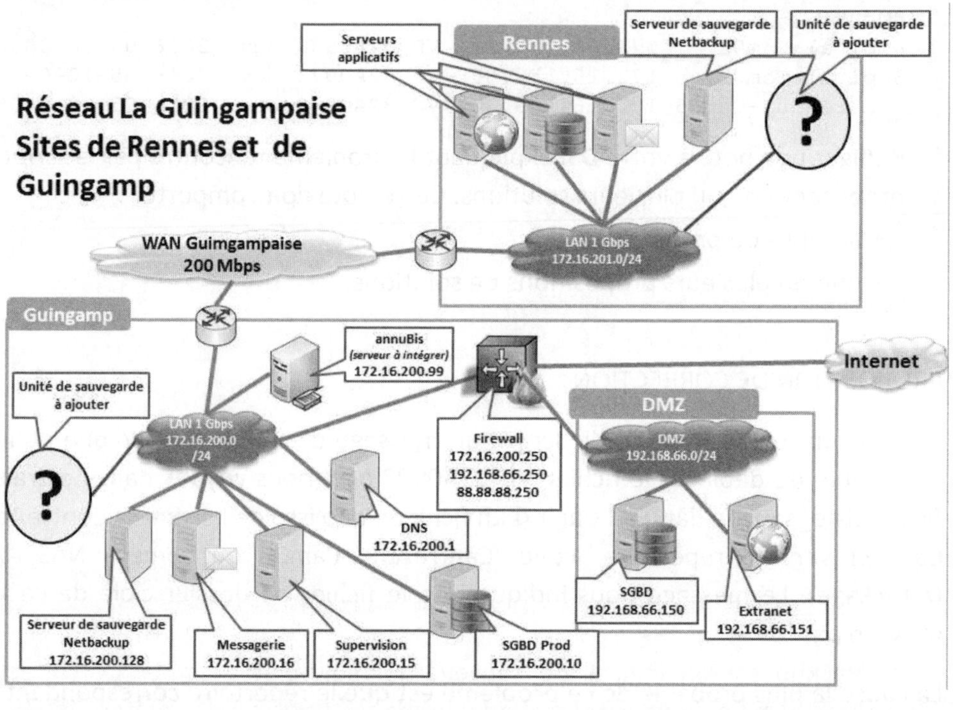

Document : Politique de filtrage du pare-feu de Guingamp

Les règles de la table de filtrage en cours d'exploitation sur le pare-feu interconnectant le réseau local de Guingamp et sa DMZ sont présentées ci-dessous.

Les règles doivent être les plus précises possible pour éviter les failles de sécurité : chaque fois que cela est réalisable, on limitera le flux à des machines précises.

Connexion

- La carte Eth0 du pare-feu est connectée au LAN (172.16.200.250).
- La carte Eth1 du pare-feu est connectée à la DMZ (192.168.66.250).
- La carte Eth2 du pare-feu est connectée au FAI (88.88.88.250).

Dans la DMZ :

- Le serveur de base de données *SGBD* communique avec le serveur de production *SGBD Prod* situé dans le LAN au travers du port 3306/TCP spécifique à Mysql.
- Le serveur *Extranet*, sans connexion directe avec le LAN, sert à présenter les rapports issus de la base de données située dans la DMZ.

Le pare-feu applique les règles suivantes :

- Interface Eth0 :
  - Le trafic du réseau LAN vers chacun des serveurs de la DMZ est autorisé
  - Règle par défaut : blocage du trafic
- Interface Eth1 :
  - Le trafic DNS de chacun des serveurs de la DMZ vers le serveur *DNS* du LAN est autorisé
  - Le trafic 3306/TCP du *SGBD* de la DMZ vers le *SGBD Prod* du LAN est autorisé
  - Le trafic SNMP *trap* (162/UDP) de chacun des serveurs de la DMZ vers le serveur de supervision du LAN est autorisé
  - Le trafic ICMP de chacun des serveurs de la DMZ vers le LAN est autorisé
  - Règle par défaut : blocage du trafic

Document : Flux de communications à prévoir

NetBackup est un logiciel de sauvegarde multi-plates-formes L'architecture s'appuie sur un serveur central appelé maître (*master*) permettant la gestion d'unités de stockage (*media servers*) contenant les supports de stockage des données. Les machines sauvegardées sont des clients sur lesquels s'exécutent des agents prenant en charge la sauvegarde.

Chaque serveur à sauvegarder est un client NetBackup qui doit donc exécuter l'agent Netbackup.

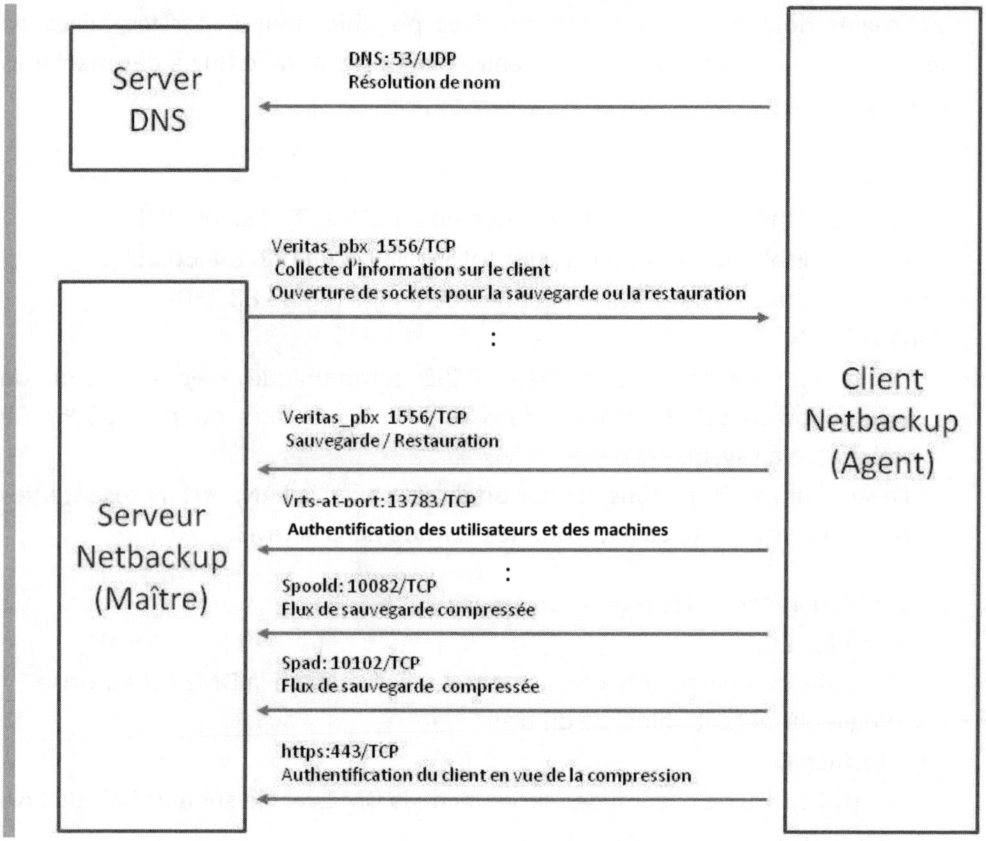

Les deux serveurs présents dans la DMZ du site de Guingamp vont entrer dans le cadre de la sauvegarde sur le site de Guingamp.
Vous êtes chargé-e de proposer les modifications des règles de filtrage sur le pare-feu pour prendre en compte les nouveaux flux de communication associés à la sauvegarde.

Indiquer les interventions qu'il convient de faire pour permettre la sauvegarde des deux machines de la DMZ.

PROPOSITION DE CORRECTION

Deux serveurs sont intégrés à la solution de sauvegarde, c'est-à-dire que le client Netbackup va être installé sur ces serveurs, générant ainsi les flux de communications correspondants entre ces serveurs et le serveur DNS et le serveur Netbackup.

Nous listons donc les flux nécessaires et étudions pour chacun si une modification est à apporter au pare-feu :

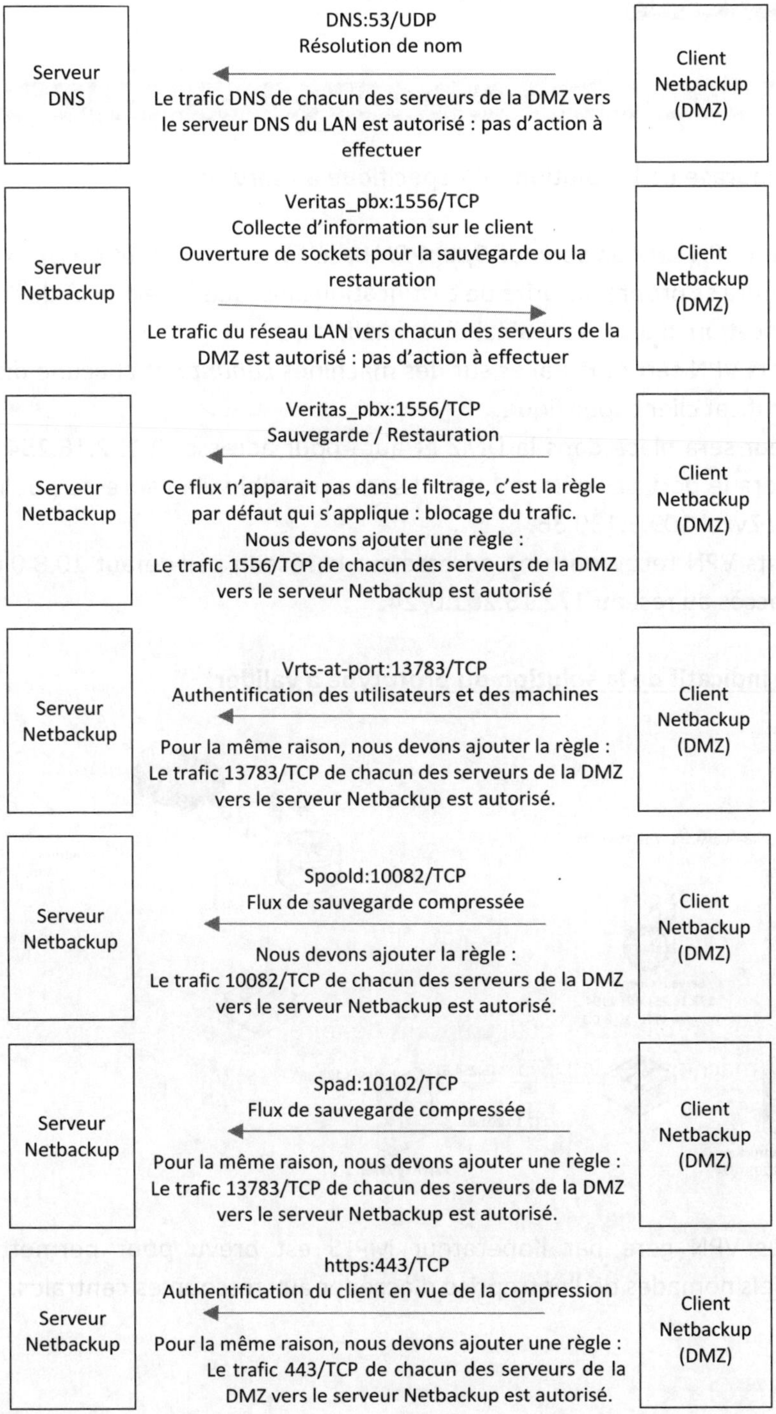

exercice #97 VPN

Annales BTS SIO 2015

Document : Extrait compte-rendu de la réunion du mai 2015

Objet : Cadrage de la solution VPN spécifique au service

Le serveur VPN sera un serveur *OpenVPN* basé sur une distribution Linux Debian 7.2. Il gérera sa propre autorité de certification ainsi que le certificat de l'autorité de certification. Il disposera ainsi d'un certificat.
Les clients VPN seront installés sur des machines *Lubuntu* et chacune disposera d'un certificat client spécifique.
Le serveur sera placé dans la DMZ et aura pour adresse IP 172.16.254.40 : on conservera le port par défaut 1194. Il sera accessible via l'adresse publique du pare-feu Zyxel 109.3.130.36.
Les clients VPN recevront une adresse sur le réseau par défaut 10.8.0.0/24 et auront accès au réseau 172.16.201.0/24.

Schéma indicatif de la solution du prototype à valider

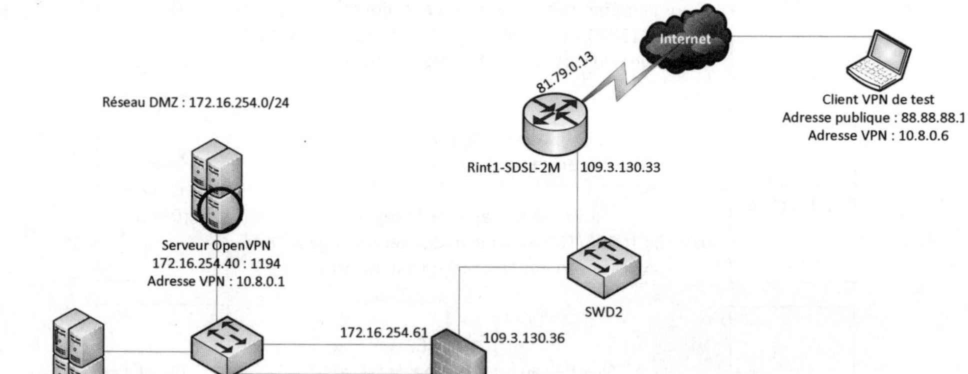

Un accès VPN géré par l'opérateur MPLS est prévu pour permettre aux personnels nomades de l'entreprise d'accéder aux ressources centrales.

Vos Responsables souhaitent mettre en place un accès VPN indépendant, réservé au service informatique et permettant de prendre la main sur les différents équipements actifs et sur les serveurs.

Dans la continuité des choix technologiques actuels, une solution basée sur le logiciel libre *OpenVPN* est étudiée.

Une première réunion rapide a défini les orientations principales.

Le serveur *OpenVPN* de test a été paramétré. On vous demande de préparer la fiche d'intervention pour compléter le prototype correspondant au schéma prévu.

Lister, en les justifiant, les installations à réaliser sur le poste de travail prévu pour le test.

PROPOSITION DE CORRECTION

Les installations au niveau du poste de travail prévu pour le test sont :

- Installation du logiciel client *OpenVPN* pour permettre la mise en place du tunnel avec le serveur.
- Copie du certificat client, qui permet l'authentification du client avant l'ouverture du tunnel.
- Copie du certificat issu de l'Autorité de Certification, pour authentifier le serveur avant l'ouverture lorsque celui-ci validera la requête d'ouverture du tunnel.

exercice #98 Pare-feu

Annales BTS SIO 2015

Utiliser document exercice #97.

Détailler les configurations à réaliser sur le pare-feu Zyxel pour que le serveur *OpenVPN* soit accessible.

PROPOSITION DE CORRECTION

Au niveau du pare-feu Zyxel, nous devons :

① Ouvrir le port 1194, port par défaut d'*OpenVPN*.
② Ajouter une route vers le réseau 10.8.0.1.
③ Ajouter une redirection de tous les paquets entrants reçus sur le port 1194 de l'interface 109.3.130.36 vers le même port du serveur.
④ Vérifier les règles de filtrage pour que les trames à destination du port 1194 soit bien autorisées entre les réseaux 172.16.201.0 et 10.8.0.1.

exercice #99 ToIP

Annales Bac+3 CDI 2017

> Quels sont les avantages d'une solution de ToIP par rapport à un standard téléphonique analogique classique ?

PROPOSITION DE CORRECTION

Le principe de base de la ToIP est d'utiliser la voix sur IP (VoIP) fiche #44 pour transmettre les communications téléphoniques.

Partant de ce principe, la voix étant une trame IP standard, il est possible de proposer et de développer tous les services souhaités.

Les avantages sont nombreux :

- Centralisation des services sur un serveur, gestion des services centralisée.
- Nombre illimité de services, selon les besoins (répondeur, messagerie, serveur vocal, menus, transfert d'appels, automatisation de tâches, filtrage d'appels, conférence).
- Gestion des comptes SIP, création de groupes d'appels.
- Maintenance d'une infrastructure unique (le réseau informatique basé sur le protocole universel IP), sauvegarde et haute-disponibilité simplifiées.
- Diminution des coûts de communication.

exercice #100 Infrastructure ToIP

Annales BTS SIO SISR

> Lister les éléments (matériels, logiciels, paramétrages…) nécessaires à la mise en place d'une infrastructure de ToIP.

PROPOSITION DE CORRECTION

La mise en place une infrastructure de ToIP fiche #44 fonctionnelle nécessite au minimum :

- Un réseau, local ou multisites : son architecture n'est pas prédéfinie, elle peut correspondre à n'importe quel contexte. Si cette architecture est répartie sur plusieurs sites ou réseaux IP différents, du routage doit être mis en place.
- Le protocole IP pour le niveau réseau : il intègre avec lui les autres protocoles de la pile TCP/IP fiche #23.
- Un serveur de ToIP : c'est la fonctionnalité centrale de l'infrastructure de ToIP, paramétré avec le protocole SIP et ses protocoles associés et une plateforme de ToIP.
- Des postes téléphoniques clients IP : Ils peuvent être de natures différentes (téléphone IP, logiciels de téléphonie, téléphones GSM équipes de SIP…).
- Une gestion des comptes SIP correspondant à l'organisation des utilisateurs (utilisateurs, groupes, cahier des charges des besoins de chacun…).
- Une passerelle ToIP/analogique : elle assure la connexion du réseau de ToIP avec le réseau téléphonique commuté classique.

Selon le contexte (taille de l'infrastructure, locale ou répartie, nombre d'utilisateurs, services souhaités, haute disponibilité…) ces éléments peuvent être nécessaires en plusieurs exemplaires.

Bibliographie

Reseaux – Andrew Tanenbaum, David Wetherall
Éditions Pearson France

Téléphonie d'entreprise – Patrick Lallement
Éditions Ellipses

VoIP et ToIP Asterisk – La téléphonie d'entreprise – Sébastien Déon
Eni Éditions

Architecture des réseaux – Bertrand Petit
Éditions Ellipses

L'architecture des réseaux TCP/IP – Jacques Philipp
Éditions Ellipses

Architecture et technologie des ordinateurs – Paolo Zanella, Yves Ligier, Emmanuel Lazard
Éditions Dunod

Mathématiques du DUT informatique – Mouny Samy Modeliar
Éditions Ellipses

Algorithmique – Thomas Cormen, Charles Leiserson, Ronald Rivest
Éditions Dunod

Index

A

B

C

D

E

F

O

P

Q

R

S

T

U

V

W

Imprimé en Italie par «La Tipografica Varese Srl» Varese